RELIGIONES DEL MUNDO

Religiones del mundo

Michael Keene

*biblioteca
básica*

alamah
VISUAL

De esta edición en español:
D. R. © Aguilar, Altea, Taurus, Alfaguara, S.A.
de C.V., 2003.
Av. Universidad 767, Col. del Valle
México, 03100, D.F., Teléfono (52) 54207530
www.alamah.com.mx

Distribuidora y Editora Aguilar, Altea, Taurus,
Alfaguara, S. A.
Calle 80 Núm. 10-23, Santafé de Bogotá,
Colombia.
Santillana Ediciones Generales, S. L.
Torrelaguna 60-28043, Madrid, España.
Santillana, S. A.
Av. San Felipe 731, Lima, Perú.
Editorial Santillana S. A.
Av. Rómulo Gallegos, Edif. Zulia 1er. piso
Boleita Nte., 1071, Caracas, Venezuela.
Editorial Santillana Inc.
P.O. Box 19-5462 Hato Rey, 00919, San Juan,
Puerto Rico.
Santillana Publishing Company Inc.
2043 N. W. 87th Avenue, 33172. Miami, Fl.,
E. U. A.
Ediciones Santillana S. A. (ROU)
Constitución 1889, 11800, Montevideo,
Uruguay.
Aguilar, Altea, Taurus, Alfaguara, S. A.
Beazley 3860, 1437, Buenos Aires, Argentina.
Aguilar Chilena de Ediciones Ltda.
Dr. Aníbal Ariztía 1444, Providencia, Santiago
de Chile.
Santillana de Costa Rica, S. A.
La Uruca, 100 mts. Oeste de Migración y
Extranjería, San José, Costa Rica.

ISBN: 968-19-1191-1
Primera edición: febrero de 2003.
Traductor: Martín Mohedano Caballero
Diseño de interiores: Ma. Alejandra Romero I.
Adaptación de Portada: Antonio Ruano Gómez
Impreso en China

Para la composición tipográfica de esta obra se
utilizó Venetian301 10.25/11

Agradecimientos a fuentes bibliográficas
Las citas de las escrituras provienen de la
Nueva Versión Estándar Revisada de la Biblia,
edición en inglés, derechos de autor ©
1989, 1995 a cargo de la División de
Educación Cristiana del Consejo Nacional
de las Iglesias de Cristo en los Estados
Unidos de América y se usan con
consentimiento del editor. Todos los
derechos reservados.
Biblia Inglesa Revisada con Escrituras Apócrifas,
derechos de autor © 1989 a cargo de
Oxford University Press y Cambridge
University Press. Las escrituras que se
citan de la *Biblia Buenas Nuevas* están
publicadas por Las Sociedades
Bíblicas/Harper Collins Publishers Ltd.
UK © Sociedad Bíblica Americana 1966,
1971, 1976, 1992 y se usan con

consentimiento del editor. Las citas de las
escrituras tomadas de *Nueva Versión
Internacional de La Sagrada Biblia*, derechos de
autor © 1973, 1978, 1984 a cargo de la
Sociedad Bíblica Internacional se usan con
consentimiento de Hodder & Stoughton
Limited. Todos los derechos reservados.
'NIV' es una marca registrada de la
Sociedad Bíblica Internacional. Reino
Unido, marca comercial número 1448790.

Agradecimientos a fuentes iconográficas:
Por favor consulte la página 192.

Contenido

Presentación de las religiones del mundo 6

HINDUISMO 8

JUDAÍSMO 38

BUDISMO 66

CRISTIANISMO 86

ISLAM 120

SIJISMO 146

OTRAS RELIGIONES EN EL MUNDO 168

Confucianismo 170

Taoísmo 172

Zoroastrismo 174

Sintoísmo 176

Bahaísmo 178

Glosario 180

Nota
En este libro se aplica la convención de las siglas a.e.c. (antes de la era común) y e.c. (era común) que corresponden precisamente a las abreviaciones más frecuentes a.C. y d.C., para evitar ofender a quienes no profesan religiones del cristianismo y que no reconocen el nacimiento de Cristo como un acontecimiento histórico decisivo.

Presentación de las religiones del mundo

Incluso en nuestra era, cada vez más secular, la religión desempeña un papel central en las vidas de millones de personas. Algunos estudios indican que más del 70 por ciento de la población mundial se identifica con alguna religión. En Europa del Este, por ejemplo, cada vez más gente acude a las sinagogas, mezquitas, templos e iglesias. En diversas partes del mundo, los imanes, rabinos y sacerdotes trabajan para crear un mundo mejor y más pacífico. Sin embargo, las diferencias religiosas se encuentran en el núcleo de conflictos internacionales y sociales —de los que la ex Yugoslavia, Medio Oriente e Irlanda del Norte dan elocuente testimonio.

La religión participa en los momentos y experiencias más importantes de la vida. Celebra el nacimiento, marca la transición a la edad adulta, impone un sello al matrimonio y a la vida familiar y facilita el tránsito de una vida a otra. Para millones de personas,

la religión está presente en los momentos más especiales de la vida, pero también en los más aterradores. Además, ofrece respuestas a las dudas que nos desconciertan. ¿Existe un poder supremo al que debemos rendir cuentas? ¿Cómo empezó la vida?

¿En qué consiste? ¿Por qué sufre la gente? ¿Qué sucede al morir? A la luz de esto, quizá no sorprenda saber que la religión ha sido la inspiración de grandes obras de arte, música y literatura en el mundo.

Esta guía describe las características fundamentales de las seis religiones principales y de

las cinco creencias más importantes en el mundo. Presenta, además, toda la información necesaria en forma clara y accesible. El glosario permite la consulta de las palabras y los conceptos básicos de cada religión.

El hinduismo se remonta a miles de años y es la religión más antigua que se profesa en la actualidad. Existen millones de dioses y diosas hindúes que son reflejos de Brahma, el único espíritu supremo. Los dioses más populares son Siva, el destructor, y Visnú, el protector. Cientos de templos están dedicados sólo a ellos. Los hindúes tienen altares en sus casas donde les rinden culto a diario. Estos altares y los festivales forman la parte central de su religión. Su principal creencia es el ciclo infinito de nacimiento, vida en la Tierra, muerte y renacimiento, en el que cada

Cada año, millones de personas hacen la peregrinación a la ciudad sagrada de Benares (Veranasi) en India para bañarse en el río Ganges.

persona reencarna en un nivel determinado por su existencia anterior.

> No hagas a los demás lo que no quieras para ti; tal es la esencia de la ley —todas las demás leyes son variables.
>
> *MAHABHARATA, VEDA 39*

HINDUISMO

Contenido

Origen   10

El sistema de castas   12

Fe en Dios   14

Imágenes de Dios   16

Creencias   18

Libros sagrados   20

El templo   22

Veneración a Dios   24

Veneración en casa   26

Ceremonias   28

Festivales   30

Senderos hacia la salvación   32

Peregrinaje   34

El hinduismo en nuestros días   36

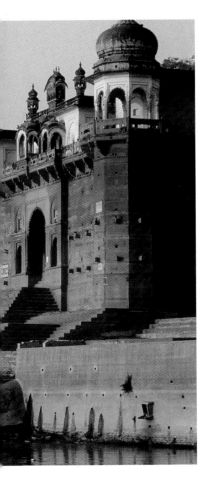

Origen

El hinduismo está arraigado en las tradiciones y la historia de India y podemos ubicar su origen en los principios del segundo milenio a.e.c.

El hinduismo se originó en India alrededor de 1800 a.e.c., pero sus fundamentos son inciertos. Sus antecedentes conocidos más antiguos se encuentran en la civilización del Valle del Indo. La palabra viene del sánscrito *Siddhu*, Río Indo, que los antiguos persas pronunciaban como "hindú". Poco tiempo después la palabra se aplicó en general a todas las personas de India, pero hoy se usa sólo para referirse a los seguidores del hinduismo.

Esta estatuilla de Siva, el destructor, está llena de simbolismo. Junto con Visnú, el protector, y Brahma, el Dios creador, Siva completa la trinidad hindú, o trimurti. Aquí se le representa como el señor de la danza que celebra la destrucción de los demonios. La señal que hace con una de las manos libres significa "no temas".

El pueblo del Valle del Indo

No sabemos mucho de la civilización del Valle del Indo. Sin embargo, las estatuas de diosas de esa época sugieren que su pueblo hizo énfasis en la fertilidad femenina. Algunos dioses y diosas hindúes, como Siva, probablemente son descendientes de estas primeras deidades.

Después de 300 años de relativa paz, alrededor del año 1500 a.e.c., las tribus arias del noroeste derrotaron a los pueblos del Valle del Indo y controlaron a India durante el siguiente milenio.

Los arios

Los arios llevaron consigo el idioma sánscrito y también introdujeron el sistema de castas, que ubica a las personas en diferentes castas o *varnas* según su ocupación. Esta clasificación social determinaba con quien podían casarse y socializar. En poco tiempo, el sistema de castas y el hinduismo se relacionaron estrechamente con el apoyo de algunas de sus sagradas escrituras.

El pueblo del Indo y los arios se fusionaron y recopilaron los *Vedas* —colecciones de himnos y textos. El primero y más importante de estos libros fue el *Rig-Veda*, que alaba a dioses

> *El hinduismo es un organismo relacionado con el crecimiento y la decadencia y está sujeto a las leyes de la naturaleza. Único e indivisible en sus raíces, ha crecido como un enorme árbol de innumerables ramas.*
>
> MAHATMA GANDHI (1869-1948)
> LÍDER POLÍTICO DE INDIA

como Indra, el dios del cielo, Agni, el dios del fuego, y Aditi, la diosa madre. Las formas de veneración y disciplina espiritual que aparecieran por primera vez en los *Vedas* siguen siendo parte integral de la doctrina hindú.

El hinduismo incorporó muchas ideas de otras religiones al extenderse por el sur de India, en forma muy parecida a como se extiende un gran río al que confluyen numerosos tributarios. Progresivamente, se percibió a Dios como una deidad amorosa en lugar de una deidad abstracta, y esto originó que se escribiera el clásico espiritual hindú, tan respetado, el *Bhagavad-Gita*, que significa *El canto del Señor*.

El sistema de castas

El sistema de castas ha dominado la vida social de India por siglos con el apoyo de los libros sagrados. Aunque actualmente es ilegal, este sistema aún influye en las áreas rurales de India.

Según la tradición hindú, Brahma, el Dios supremo, estableció cuatro varnas (colores) al momento de la creación. Al correr el tiempo, el hinduismo influyó en diversas tribus y se formó un sistema de castas más complejo. Las castas son divisiones en la sociedad que se basan en el oficio de la gente; en India todavía existen miles de castas y subcastas.

Perusha

Los cuatro diferentes varnas provienen de un relato del *Rig-Veda* en el que el dios Brahma, a cargo del poder creativo, hizo al primer hombre, Perusha, quien fue sacrificado y de su cuerpo se tomaron los cuatro varnas:

◆ El varna más alto (blanco) —el brahmán— surgió de la boca de Perusha. Los brahmanes son sacerdotes que celebran actividades y rituales religiosos, y recitan las escrituras.
◆ El segundo varna (rojo) —el kshatriya— surgió de los brazos de Perusha. Este varna creó a los guerreros y gobernantes de la India.
◆ El tercer varna (amarillo) —el vaishya— surgió de las piernas de Perusha y creó a aquellos que son importantes para la vida económica y social

Los parias en India se autonombran los dalit —"los oprimidos". Aproximadamente 20 por ciento de los hindúes —110 millones de personas— pertenece a esta casta.

LOS "INTOCABLES"

Los "intocables" no pertenecen a ninguna casta y desempeñan las tareas más humildes, como el curtido de pieles y la cremación de cadáveres humanos y animales. Mahatma Gandhi, el reformador hindú, trató de elevar el estatus de este grupo al llamarlos Harijanes, los "hijos de Dios". Durante siglos, a los "intocables" se les prohibió participar en la vida social, hasta que fue proscrito en 1950. Los templos hindúes ahora están abiertos para todos, sin importar su casta, y todos reciben iguales oportunidades de educación y empleo. Sin embargo, en las áreas rurales el sistema de castas se sigue aplicando y el matrimonio casi siempre se limita a miembros de la misma casta.

del país, como los agricultores y la gente de negocios.

◆ El cuarto varna (negro) —el shudra— surgió de los pies de Perusha, que sirven al resto del cuerpo. Esto dio origen a los obreros, quienes proporcionan los servicios básicos a los demás.

> *Cuando se dividió al primer hombre ¿cuántas divisiones se hicieron?, ¿en qué se convirtió su boca y sus manos? El brahmán surgió de su boca; el kshatriya de sus brazos; de sus piernas el vaishya y de sus pies el shudra.*
>
> RIG-VEDA, LIBRO 10

Un brahmán en un altar en Calcuta. El brahmán funge como intermediario entre el devoto y el dios.

Fe en Dios

El hinduismo es una religión monoteísta cuyos seguidores creen en una única deidad, Brahma (el espíritu absoluto), que está fuera del alcance y entendimiento del ser humano. Hay millones de imágenes diferentes que hacen visible y cognoscible a Brahma ante sus devotos.

No todos los millones de seguidores del hinduismo creen en Dios. Los hindúes seculares reconocen la importancia del principio de un orden en el Universo —que el verano sigue a la primavera, la noche al día y la cosecha a la siembra. Recurren al hinduismo para asegurar lo anterior, pero no se apegan a su cosmovisión.

Brahma

Sin embargo, la mayoría de los hindúes cree en Dios —¿o debiéramos decir dioses? La enseñanza hindú está lejos de ser clara e incluso los libros sagrados dan mensajes encontrados al respecto. El *Rig-Veda*, por ejemplo, menciona 33 dioses, aunque en otra parte del mismo niega que existan en realidad. La verdad parece ser que en el hinduismo hay un Dios a quien se adora bajo formas y apariencias distintas. Brahma es el único Dios.

Brahma es la realidad última, el espíritu supremo que va más

allá de todo entendimiento, tiempo y espacio del ser humano. Si bien a Brahma se le encuentra en el universo, se sitúa más allá del mismo. Él es el origen de toda la creación —inteligencia, deleite y existencia puras. Brahma es todo el mundo que nos rodea —y

> *Dios es la causa primera de todo el conocimiento verdadero y de todo lo que se conoce por medio de él. Dios es verdad total, conocimiento total y beatitud total; es incorpóreo, todopoderoso, justo, compasivo, ingénito, infinito e inmutable; no tiene principio; es incomparable; es el sustento y señor de todas las cosas; es omnipresente, omnisciente, eterno e inmortal; está exento de miedo y es eterno, sagrado y la causa de todo el universo. Sólo a él se debe adorar*
> LOS DIEZ PRINCIPIOS DEL ARYA SAMAJ

◀ En el hinduismo sólo hay un Dios, Brahma, que asume muchas formas visibles.

también es nuestro mundo interior.

Al mundo interno se le llama atman, el alma, que junto con Brahma son uno solo, aunque los seres humanos no siempre se dan cuenta de ello. Cuando Brahma y el alma se vuelven a unir, se alcanza el Cielo y termina el ciclo de nacimiento, vida y muerte.

Dioses y diosas

Los muchos dioses y diosas del hinduismo hacen una religión maravillosamente colorida. También iluminan diferentes aspectos del carácter de Brahma. El *Rig-Veda* explica que, "Al que es único, los sabios le dan muchos nombres, Agni, Yama, Matarisvan…" y otro libro sagrado añade: "Para un alma despierta, Agni, Aditya, Candra, todos estos nombres representan un poder y una realidad espiritual básicos".

En el hinduismo, Dios no es ni masculino ni femenino, pero en vista de que Brahma abarca toda la creación, puede tomar cualquier forma masculina, femenina o animal. Muchos dioses tienen consortes que demuestran lo anterior. A Brahma, el Dios creador, por ejemplo, siempre se le menciona en compañía de Saraswati, la diosa del aprendizaje. De hecho, ¡Saraswati se ha vuelto mucho más popular que Brahma entre los devotos!

Imágenes de Dios

Las imágenes de millones de dioses y diosas revelan al mundo las cualidades de Brahma. Estas imágenes permiten a los devotos conocer lo incognoscible.

Los hindúes creen que el ser supremo, Brahma, controla al mundo por las tres cualidades principales que se representan en el *Trimurti* —Brahma, Visnú y Siva— una triada que surgió en el hinduismo hace aproximadamente 2 000 años. Rara vez se adora a Brahma en la actualidad, pero Visnú tiene millones de seguidores. Los hindúes creen que Visnú visita la Tierra en forma de avatar —"el que desciende" o "encarnación"— siempre que el mal llega a un nivel inaceptable. Nueve de los diez avatares prometidos por Visnú ya se han presentado.

Todos los templos y hogares hindúes tienen un altar para su dios especial. Hanuman, el dios mono, representa la destreza y la inteligencia.

Krishna

El avatar más popular de Visnú tomó la forma de una manada de vacas, Krishna, a quienes los hindúes adoran como Dios por derecho propio. Hay muchos relatos en los libros sagrados que ilustran la fama de amante, soldado y gobernante de la que goza Krishna. La encarnación de Krishna explica en parte porqué las vacas son animales sagrados para los hindúes y por lo tanto no se les mata.

Rama

Rama es otro conocido avatar de Visnú. El dios Rama es el héroe del *Ramayana*, uno de los más grandes poemas épicos del hinduismo. Rama venció al rey demonio Ravana, el gobernante de Sri Lanka que había secuestrado a su esposa Sita. Rama invocó a Hanuman, el popular Dios mono, para que le ayudara. En la actualidad, los hindúes reverencian a Hanuman como un símbolo de fortaleza y energía.

Ganesha

Ganesha, el dios elefante, es una de las deidades hindúes más amadas. Ganesha fue el

Se calcula que existen hasta 330 millones de deidades en el hinduismo. La mayoría de ellas, sin embargo, son redundantes y ya no tienen adoradores.

En mi juventud me enseñaron a repetir lo que en las escrituras hindúes se conoce como los 1 000 nombres de Dios. Sin embargo, estos 1 000 nombres de Dios de ninguna forma fueron exhaustivos. Creemos —y pienso que es la verdad— que Dios tiene tantos nombres como las criaturas de la Tierra y, por lo tanto, también decimos que Dios no tiene nombre, y como Dios tiene muchas formas, también consideramos que no tiene forma, y como habla muchos idiomas, consideramos que no habla.

MAHATMA GANDHI (1869-1948),
LÍDER POLÍTICO DE INDIA

Las características animales indican las cualidades especiales de los dioses. Ganesha, el Dios elefante, simboliza fortaleza y protección.

primogénito de Siva y su hermosa esposa, Parvati. Al regresar a casa, después de una larga ausencia, Siva vio a un extraño en su casa y le cortó la cabeza. Al descubrir que había matado a su propio hijo, Siva le cortó la cabeza a un elefante y la puso sobre los hombros de su hijo. Para los hindúes, la enorme cabeza y orejas de elefante de Ganesha representan la adquisición de conocimientos por medio de la reflexión y el saber escuchar, en tanto que los dos colmillos, uno de forma perfecta y el otro roto, representan la perfección y la imperfección que están presentes en todo. Ganesha simboliza el liderazgo; él es quien elimina los obstáculos y es depositario de la sabiduría y la perfección. Quizá no sorprenda que los hindúes veneren a Ganesha antes de embarcarse en una nueva aventura de negocios o formar un nuevo hogar.

Creencias

En su larga historia, el hinduismo ha atraído y absorbido ideas de otras religiones. No todos los hindúes creen lo mismo, aunque existen dogmas centrales que la mayoría acepta.

El entendimiento de la vida humana para los hindúes se centra en la relación entre el cuerpo y el alma, o atman. El cuerpo pertenece al mundo material, que siempre está cambiando y es imperfecto, en tanto que el atman es parte de la realidad espiritual de Brahma —es perfecta, inmutable y es la verdad absoluta.

Samsara

"Samsara" significa "deambular" y se refiere al

VENERACIÓN A LAS VACAS

Gandhi, el reformador de India, alguna vez recalcó que la vaca es en realidad el emblema universal hindú y que su protección es su principio más expresivo. En pocas cosas pueden estar de acuerdo los hindúes, pero todos consideran la veneración a las vacas como símbolo de no violencia. Todos los productos de las vacas —como la leche, la orina y el excremento— se consideran elementos purificadores.

peregrinar del alma de un cuerpo a otro, de una vida a otra, desde el nacimiento a la vida y la muerte. Se le compara con los retoños que surgen del árbol cada primavera, aun si el árbol parecía estar muerto durante el invierno anterior. Para los hindúes tanto el mundo natural como la condición humana están expuestos al mismo ciclo.

Karma

La razón por la cual todos los seres vivos renacen es el karma, la ley de la causa y el efecto. Los hindúes creen que el karma acumulado en vidas anteriores se lleva consigo hasta la vida presente y por lo tanto determina el estado del renacimiento del alma. Cada hindú busca eliminar el efecto del karma de su próximo renacimiento viviendo una vida de caridad y abnegación. El *Bhagavad-Gita* enseña que ésta es la única forma de renacer con menos karma. El karma negativo garantiza que el atman de una persona regrese a un nivel inferior en la siguiente vida.

Así como el hombre se desprende de sus ropas desgastadas y se viste con otras nuevas que las reemplazan, así cambia el alma de un cuerpo para entrar a otro nuevo.

BHAGAVAD-GITA

os hindúes creen que se necesitan hasta 8 400 000 renacimientos antes de que el atman pueda salir de la trampa del samsara.

Un hombre santo, o sadhu, delante de una manta que representa a Siva.

Moksha

Moksha es el fin del samsara y es la meta de todo hindú. La espiritualidad hindú se preocupa principalmente de llevar el alma humana a "la otra orilla", es decir, de enseñar las formas para encontrar la liberación de la reencarnación. Para lograrlo, los hindúes necesitan neutralizar el karma por medio de la eliminación de todo deseo. Es como extraer las impurezas del oro: se necesitan muchos intentos, pero en su momento se llega a obtener oro puro. Al final de este proceso, el atman se reabsorbe en la divinidad —Brahma.

Con frecuencia los hindúes lo comparan con un río que al final de su viaje se funde y es devorado por el mar. Esto sólo le puede suceder al atman cuando alcanza la pureza total y no le afecta nada de lo que acontece en la Tierra. Sólo entonces el alma puede volver a formar parte de Brahma —que es de donde surgió.

Libros sagrados

Los libros sagrados del hinduismo se escribieron a lo largo de diversos periodos y emplean diferentes estilos. Varían desde oscuros textos filosóficos hasta leyendas y relatos épicos.

Los escritos sagrados del hinduismo se dividen en dos grandes grupos: los *shruti* y los *smriti*.

Shruti

Los *shruti* ("lo que se ha escuchado de los dioses") se consideran de origen divino. Contienen himnos antiguos de los *Vedas*, que se escribieron a finales del segundo milenio de la era común en idioma sánscrito, el antiguo idioma de la India. El *Rig-Veda*, el más antiguo y sagrado, es un libro que contiene 1 028 poemas que reflejan la vida nómada de los arios mientras participaban en batallas, se regocijaban con cada nuevo amanecer y se reflejaban en la soledad de un atardecer silencioso.

Los *Upanishad* están al final de los *Vedas*. El título de esta colección de libros se refiere a la disciplina de quien se sienta a los pies del Gurú para obtener sabiduría. Los *Upanishad* registran 120 conversaciones entre maestro y discípulo y contienen las

Deja que tu madre sea un dios para ti.
Que tu padre sea un dios para ti.
Que tu maestro sea un dios para ti.
Que tu invitado sea un dios para ti.
Sólo haz tareas libres de imperfecciones.
Sólo haz obras buenas.
TAITTIRIYA UPANISHAD I:XI:1-2

enseñanzas hindúes más importantes —las enseñanzas de Brahma y el atman.

Smriti

Los *smriti* ("lo que se recuerda") son libros sagrados de origen humano que contienen los relatos de narradores entrenados. El *Ramayana*, un poema de 48 000 líneas, narra la historia de Rama y Sita y es una fuente de instrucción espiritual y consejo para los hindúes.

Con 100 000 versos, el *Mahabharata* es el poema más largo en cualquier idioma y se dice que lo que no se incluye en esta epopeya no existe en

Los *Vedas* se escribieron entre los años 1500 y 800 a.e.c. Son los libros más antiguos que se conocen.

Esta ilustración del *Bhagavad-Gita* ilustra la conversación entre el dios Krishna (a la derecha) y Arjuna en el campo de batalla.

India. Describe la guerra entre dos familias, los Pandus y los Kurus, que eran primos. Los Pandus eran cinco hermanos

EL *BHAGAVAD-GITA*

El *Bhagavad Gita* forma parte del *Mahabharata* y es el clásico espiritual más venerado del hinduismo. Consta de una conversación en el campo de batalla entre el dios Krishna y el héroe Arjuna, durante la que Arjuna aprende acerca de la inmortalidad del alma, el deber de luchar de la casta guerrera y la necesidad de que cada quien realice su tarea lo mejor posible.

muy conocidos por su fe en Dios, mientras que los Kurus era una familia de 100 hermanos malvados. Entre ellos se libró una batalla histórica en el Punjab, misma que ganaron los Pandus, la cual representa la última victoria del bien sobre el mal. El *Mahabharata* enseña que la rectitud es la fuente del progreso de una nación mientras que la inequidad la lleva a su eventual destrucción.

El templo

Para muchos hindúes, el templo es el centro de la vida religiosa. Para otros los actos colectivos de veneración no son importantes y rara vez visitan un templo.

Cada templo hindú, o mandir, está dedicado a un dios en particular, a menudo Krishna, y en una sala especial, el *garbhagrha*, se resguarda una estatua del dios. La gente reza en la parte principal del templo, el *mandapa*. El sacerdote entra al *garbhagrha* para lavar y vestir la imagen de Dios y prodigarle flores, incienso, fruta y otros regalos. Posteriormente, se corren las cortinas que separan el *mandapa* y el *garbhagrha* para que los adoradores puedan ofrecer sus regalos. El *garbhagrha* generalmente tiene un techo en forma de torre que representa una montaña —a la que los hindúes consideran una parte sagrada de la naturaleza. A menudo el techo está hermosamente tallado o decorado con oropel y pequeñas luces. Aunque el templo está dedicado a un dios, simboliza la totalidad del cosmos.

Veneración en el templo

Si bien la mayor parte del culto hindú se practica en casa, muchos hindúes visitan los templos locales con regularidad.

Ahí, los devotos muestran veneración, o *bhakti*, al encender una vela y rezar oraciones. Cada uno recibe al salir los *prashad* (alimentos sagrados) que se ofrecieron al dios durante el día. Al anochecer, el sacerdote celebra un ritual antes de acostarse con campanas y tambores, durante el cual la estatua del dios es lavada de nuevo y se le prepara para descansar durante la noche.

La veneración en grupo (*puja*) también se realiza en el

Frecuentemente los templos están recubiertos con representaciones de los dioses y son ricos en simbolismo.

templo y puede tomar una de las siguientes tres formas:

◆ El canto de un himno, o *Bhajan*, consiste en hacer sonar campanas y tambores mientras las personas bailan. La danza es un aspecto importante del culto hindú y es profundamente simbólica. El sacerdote lee el *Bhagavad-Gita* antes de finalizar la ceremonia religiosa con la oración por la paz: "Oh Dios permite que haya paz, paz, paz".

◆ *Arti* es la ceremonia de bienvenida. En esta ceremonia, el sacerdote coloca cinco velas en una charola. Cada una representa los cinco elementos: el fuego, la tierra, el aire, el éter y el agua. Los devotos pasan la mano por encima de las flamas y después

> *Todo lo que ofrezca un alma devota, ya sea una hoja, una fruta o agua, lo acepto ávidamente porque lo da con amor.*
>
> BHAGAVAD-GITA

sobre la cabeza para recibir el poder y la bendición de Dios.

◆ *Havan* es la ofrenda del fuego. El sacerdote usa madera, alcanfor y aceite de manteca clarificada para encender un altar portátil de fuego que representa la boca del Dios que devora las ofrendas. Se recitan partes de los *Vedas* y tanto el sacerdote como la gente se lavan para simbolizar su pureza ante la vista de Dios.

La veneración en el templo incluye la recitación de mantras para convocar a los dioses, las oraciones, el canto y la doctrina. La ofrenda de regalos ocupa una parte importante de la veneración.

Veneración a Dios

El hinduismo ayuda a sus seguidores a rendir culto a Dios en tres formas únicas: por medio de la sílaba sagrada, el canto de los mantras y el uso de los mandalas.

Muchos hindúes sólo rinden culto en sus casas, mientras que algunos lo hacen en casa y en el templo, y otros más sólo en el templo.

La sílaba sagrada

La sílaba sagrada OM apareció por primera vez en la colección de libros sagrados, los *Upanishad*, y está constituida por tres sonidos —'a', 'u' y 'm'— junto con una corriente continua zumbadora. Los hindúes creen que, al pronunciarlo, este sonido triple representa:

La sílaba sagrada OM. Tradicionalmente, OM fue el primer sonido del que surgió el Universo.

◆ los tres primeros *Vedas*,
◆ las tres primeras palabras —tierra, atmósfera y cielo,
◆ los tres dioses principales —Brahma, Visnú y Siva.

Sin embargo, para muchos hindúes, la sílaba sagrada representa más que esto. Entienden que su sonido abarca la totalidad del Universo y su unidad con Dios. Se concibe como una gran afirmación de Dios, junto con la siguiente expresión: "Sí, hay un ser eterno detrás del mundo siempre cambiante".

A los hindúes les gusta tener la sílaba sagrada visible en sus hogares y a menudo se encuentra en objetos cotidianos como pisapapeles. Se pronuncia para concluir las obras religiosas, actos de culto y todas las tareas importantes, y también se le coloca al principio y al final de todos los libros hindúes.

Mantras

Los mantras desempeñan un papel vital en la veneración

> La meditación de esta sílaba sagrada satisface todas las necesidades y finalmente conduce a la liberación.
>
> KATHA UPANISHAD, 2:16,17

> OM. El sonido imperecedero es la semilla de todo lo que existe. El pasado, el presente y el futuro se desprenden del OM.
>
> MANDUKYA UPANISHAD

LOS MANDALAS

Un mandala es un patrón geométrico que se usa en la veneración, para hacer participar al cosmos. Para rituales importantes se dibuja un mandala consagrado sobre el suelo con polvos de colores, después se borra. Los espacios en el mandala representan a los dioses o deidades más populares, con Visnú al centro.

hindú —igual que para algunos budistas. Un mantra es un verso, sílaba o serie de sílabas a las que se les atribuye un origen divino.

Se repiten para que surja la conciencia y el reconocimiento de Dios. Se cree que el mantra puede liberar a la mente de los asuntos mundanos para llevarla al reino espiritual. Los hindúes a menudo recitan un mantra mientras se dirigen a su trabajo.

Un sacerdote lleva a cabo un acto de veneración o *puja*. La mayor parte de la veneración hindú tiene lugar en el hogar y hasta las familias más pobres tienen un lugar para ofrecer *puja* a sus dioses venerados.

Veneración en casa

La familia es la unidad básica de la sociedad hindú y es responsable de salvaguardar sus costumbres y tradiciones. Una parte fundamental de esta tarea es la veneración adecuada y correcta de la deidad familiar.

La mayor parte de la veneración hindú se hace en el hogar más que en el *mandir*. Cada casa tiene un altar que contiene una fotografía del dios familiar, a menudo Krishna, a quien se le conoce por su amor y bondad durante su visita a la Tierra como un avatar de Visnú.

A los niños hindúes se les educa para que acaten las cinco tareas diarias:

◆ Practicar yoga o meditación.

Mujer hindú ante el altar de su casa. Todos los días se hacen ofrendas de incienso, flores, alimentos y bebidas a las deidades favoritas de el hogar.

EL *GYATRI MANTRA*

Los brahmanes recitan el *Gyatri Mantra* tres veces al día —al amanecer, al mediodía y al ponerse el sol. También se recita durante celebraciones públicas como nacimientos y bodas.

◆ Mostrar reverencia y rendir culto al dios de la familia.

◆ Mostrar respeto incuestionable para las personas mayores de la familia y los ancestros.

◆ Extender la hospitalidad de la familia a todos los necesitados y a los hombres y mujeres santos.

◆ Mostrar respeto hacia todas las criaturas vivas.

Actos de veneración

Las mujeres llevan la mayor responsabilidad espiritual del hogar hindú. A ellas corresponde asegurarse de que todos los rituales religiosos se realicen y que los festivales se celebren en forma adecuada. El hinduismo tiene una fuerte tradición oral de relatos y las mujeres deben transmitirlos de una generación a otra.

Cada mañana la ama de casa se levanta temprano, toma un baño mientras recita el nombre de Dios y se pone ropa limpia. Le rinde culto mientras lava, viste o decora la imagen del dios de la familia antes de ofrecerle flores, fruta e incienso. Los demás miembros de la familia siguen su ejemplo. Ella enciende una lámpara cuyo pabilo ha estado sumergido en grasa animal clarificada; enciende varitas de incienso y repite los nombres de Dios junto con la oración diaria —el *Gyatri Mantra*— que dice: "Permítenos meditar sobre la gloriosa luz del creador. Que él guíe nuestras mentes y nos inspire con su entendimiento".

La lectura de uno de los libros sagrados a menudo se realiza frente a un mandala, mientras el devoto se sienta con las piernas cruzadas sobre el suelo, respirando profundamente para ayudar a la concentración. La sílaba sagrada hindú, OM, se recita una y otra vez sobre la flama de la lámpara para participar del poder y la energía de Dios.

> *La veneración a una imagen es el arte de abrazar la totalidad del universo en un objeto pequeño.*
> VINOBA BHAVE
> (1895 – 1982).

Ceremonias

Hay 16 ceremonias, o samskaras, que marcan las etapas más determinantes de la vida: desde antes de la concepción hasta la muerte. Si se realizan los rituales correctos se pueden anular los efectos del karma y lograr un mejor renacimiento.

Los tres primeros samskaras se celebran antes del nacimiento. El primero tiene lugar antes de la concepción, cuando la pareja reza para que pueda tener un hijo. El segundo, al comienzo del embarazo, para pedir que tanto la madre como el bebé estén protegidos contra los malos espíritus. Después del séptimo mes del embarazo, se cree que el tercer samskara protege la salud del bebé y de la madre. Al nacer, se baña al bebé, se le dibuja la sílaba sagrada en la lengua con un bolígrafo remojado en miel y se le hace una marca simbólica en la frente.

> El cuerpo se despoja de sus prendas desgastadas, quien lo habita cambia sus cuerpos desgastados; en el interior del cuerpo, el ocupante se viste con nuevos cuerpos, como si fueran prendas nuevas.
>
> BHAGAVAD-GITA, 2:22

Elección del nombre

El nombre del bebé se mantiene en secreto hasta el onceavo o doceavo día después de su nacimiento, por si los espíritus tratan de llevárselo antes de que reciba la protección del siguiente samskara. El sacerdote amarra al bebé listones escarlatas que simbolizan su protección y le coloca una pieza de oro en las manos como

signo de buena suerte para el futuro. Se dibuja el horóscopo del niño y se le da un nombre utilizando al principio dos o tres letras de su signo zodiacal. Para los varones hay otro samskara poco tiempo después: su cabello se corta y se pesa, y se da a los pobres su equivalente en oro.

El listón sagrado

El listón sagrado, o *upanayana*, es el décimo y más importante samskara, en el cual el sacerdote coloca un listón sobre uno de los hombros del niño, cuando tiene entre cinco y ocho años de edad si es hijo de brahmanes, y tiempo después si pertenece a castas

inferiores. La ceremonia marca el momento en que el niño pasa a manos de un gurú para recibir instrucción religiosa.

Matrimonio

El matrimonio representa el inicio del estatus de "proveedor de la casa" y es el décimotercer samskara. La ceremonia de matrimonio se lleva a cabo alrededor de un fuego sagrado y está llena de simbolismo. Durante la ceremonia, la pareja da siete pasos alrededor del fuego con las manos enlazadas y a cada paso se hacen una promesa. *Las Leyes de Manu*, un libro sagrado, señalan que una esposa siempre debe amar y respetar a su esposo; los hindúes ortodoxos no aceptan el divorcio bajo ninguna circunstancia.

Muerte

Anyesti, el samskara final, es la ceremonia funeraria. Por tradición, el hijo mayor encabeza el cortejo fúnebre hasta el lugar de la cremación, mientras que el hijo menor lo hace de regreso a casa. Todos los hindúes tienen la esperanza de morir cerca del río Ganges para que sus cenizas puedan ser depositadas en el agua y terminar así el ciclo de las reencarnaciones.

Cremación de un cuerpo en uno de los escalones o ghats del río Ganges. Si una familia no puede cremar a sus difuntos cerca de un río sagrado, las cenizas del difunto se esparcen en agua junto con flores sagradas de caléndula.

Festivales

El hinduismo es una religión que celebra diversos festivales, porque se considera que garantizan la continuación de las tradiciones y ayudan a los niños a aprender sobre los dioses.

Los festivales religiosos del hinduismo se pueden dividir en tres grupos.

Festivales basados en el calendario hindú

El primer grupo se basa en el calendario hindú, el cual consiste en seis estaciones en un año de 354 días. Cada estación dura dos meses y se dividen en: primavera (de marzo a mayo); verano (de mayo a julio); la estación lluviosa (de julio a septiembre); otoño (de septiembre a noviembre); invierno (de noviembre a enero) y la estación favorable (de enero a marzo). *Divali*, el festival de las luces, se celebra durante cinco días en octubre o noviembre y es el festival hindú mas ampliamente celebrado. Para muchos, el Divali es para dar la bienvenida en sus hogares a Lakshmi, la diosa de la prosperidad y la felicidad.

Dassehra también se festeja en octubre o noviembre y celebra la bondad de los dioses. Todos los conflictos o disputas se resuelven antes de que termine el festival, para crear una sensación de bienestar en la comunidad.

Saraswati recibe su nombre de la diosa popular del aprendizaje y del conocimiento y se puede celebrar en cualquier época.

El festival Kumbha Mela reunió a más de 20 millones de peregrinos en Prayag en 2001. En el gran día de Mela, 10 millones de ellos se bañaron en el sitio donde se unen los ríos Ganges y Yamuna.

HOLI

El festival de *Holi* se celebra en la primavera y se centra en las actividades de Krishna, durante su visita a la Tierra en forma de avatar. Para ese momento ya se han cosechado los cultivos de primavera, por lo que *Holi* es una época de regocijo. Una actividad importante durante el festival consiste en lanzar tintes sobre la gente. Esto se hace como un acto de *puja* antes de la comida del mediodía, cuando una porción de los alimentos se arroja a las llamas de una pequeña fogata como acción de gracias.

Mujeres hindúes lanzándose pintura entre sí durante el festival de *Holi*. Durante ese festival de diversión y juego, se olvidan temporalmente las distinciones de casta y a los miembros de castas inferiores se les permite lanzar pintura a los miembros de castas superiores.

Durante este festival se pasea por las calles a una estatua de una hermosa mujer sobre un cisne que representa a la diosa.

Festivales relacionados con las estaciones agrícolas

En el segundo grupo se incluyen los festivales que están relacionados con estaciones específicas del año agrícola. En un país que depende tanto de la agricultura, las épocas de siembra y cosecha son las más importantes del año. *Navaratri*, el "festival de nueve días", celebra la siembra de los cultivos de invierno. Al comienzo del festival se siembra un poco de cebada en un plato pequeño para que al final haya empezado a germinar.

Melas

El tercer grupo de festivales conocidos como *Melas*, celebra acontecimientos importantes de la leyenda hindú. El *Kumbha Mela* se celebra cada doce años y gira en torno de cuatro centros: Haridwar, Nasik, Prayaga y Ujjain. El mito detrás de la celebración es la batalla entre los dioses y los demonios por una jarra que resguardaba el néctar de la inmortalidad. Los dioses resultaron victoriosos, pero durante la batalla se regaron cuatro gotas del néctar en los sitios donde se celebra el *Kumbha Mela*.

Senderos hacia la salvación

Existen cuatro senderos religiosos reconocidos o formas de encontrar la salvación personal. A cada persona le corresponde seleccionar qué sendero tomar, aunque algunos son más difíciles que otros.

En el hinduismo, los cuatro senderos hacia la salvación son los medios por los cuales un individuo puede encontrar su liberación del ciclo aparentemente infinito de nacimiento, vida y muerte.

> Todo lo que hagas, comas, ofrezcas como oblación, des como regalo o emprendas como penitencia, ofrécelo todo a mí.
>
> DIOS KRISHNA

El camino de *bhakti*

Bhakti es la devoción amorosa a uno de los dioses. El altar que se encuentra en cada hogar hindú es una parte muy importante en el *bhakti*, pues es ahí donde cada hindú ofrece *puja* como un acto de devoción personal. El canto de himnos, el relato de historias de los dioses, las representaciones religiosas, la danza y la celebración de festivales son los elementos clave de la tradición *bhakti*.

El camino del karma

Según el *Bhagavad-Gita*, la ley moral de la existencia consiste en que las buenas acciones rinden buenos frutos y las malas acciones rinden malos frutos —la ley del karma. Esto funciona como una sucesión de causa y efecto debido a que la manera en que cada persona lleve su vida afecta la forma en que regresa en la siguiente. Los hindúes creen que todo lo que hace una persona afecta su karma y por ello cada ser humano debe procurar realizar acciones que producen buen karma.

El camino del *jñana*

Jñana es el más difícil de todos los caminos que puede escoger una persona para lograr su salvación. No sólo requiere constante guía de un gurú espiritual, sino también la habilidad de entender todas las sagradas escrituras —una tarea casi imposible. Sólo algunas personas han podido liberarse del arraigo a este mundo mediante un claro

Hay ocho etapas distintas en el enfoque hindú al yoga; éstas incluyen 86 posiciones corporales distintas. En la última etapa de contemplación, o samadhi, la persona se asemeja a una flor de loto en un estanque sucio, sin contacto con la suciedad que le rodea. Más allá de esto sólo se encuentra la liberación moksha.

Un hombre santo hindú sigue el sendero que espera lo guiará a la liberación o moksha. Usa la cantidad mínima de ropa, ayuna y practica yoga como penitencia. Se mantiene de los alimentos y el dinero que le dan los laicos.

entendimiento de las escrituras.

El camino del yoga

El yoga es una disciplina espiritual de ejercicios físicos y mentales que se ha practicado en la India durante miles de años. La intención de estos ejercicios es que quien los practique logre el control de su mente y su cuerpo. Los antiguos libros sagrados establecen varios requisitos para las personas que desean usar el yoga para romper con su arraigo a este mundo. Deben mostrar autocontrol, no violencia, sinceridad, castidad y evitar la ambición. Deben dominar ciertas posiciones del yoga, la más importante de ellas es la flor de loto —que consiste en sentarse con las piernas cruzadas y los pies sobre los muslos. Los ejercicios de respiración también ayudan a la concentración mientras la mente se enfoca en la estatua de un Dios. Los mantras también se pueden cantar para guiar la mente y así elevar la conciencia de su unidad con el espíritu supremo, Brahma.

Peregrinaje

Aunque los hindúes no tienen la obligación de hacer peregrinaciones a los lugares sagrados de su fe, algunos deciden hacerlas. Tales jornadas, a menudo con grandes distancias y verdaderas penurias, ayudan al peregrino a aumentar su fortaleza espiritual. También es una forma de mostrar devoción y amor a Dios.

Los hindúes hacen peregrinaciones como parte de su jornada espiritual por varias razones: para cumplir con un voto espiritual a una deidad; por haber roto una ley religiosa; para agradecer el nacimiento de un bebé; para ganar méritos religiosos; para purificarse o simplemente para expresar su devoción a una deidad. Otros hacen peregrinaciones para cumplir con los deseos de algún miembro de la familia. Muchos hindúes desean que sus cenizas sean dispersadas en las aguas de un río sagrado con la esperanza de ser liberados del ciclo de renacimientos. Una peregrinación también

Peregrinos lavándose en el río Ganges, acto al que atribuyen valor religioso y que los acerca a la salvación. Las abluciones rituales se acompañan de oraciones al sol.

Existen 24 sitios principales de peregrinaje en India, de los cuales los que se localizan en los puntos cardinales son los más importantes. En estos puntos habitan los dioses y son: el templo Jagannath de Puri, en Bengala; Ramesvaram en el extremo sur de India; Dwarka en la costa oeste y Badrinath a 3000 metros sobre el Himalaya.

EL RÍO GANGES

El río Ganges es especialmente sagrado debido a que corre a través de India desde su origen en el Himalaya. Los peregrinos que visitan la ciudad sagrada de Benarés se bañan en las aguas del Ganges para recibir la bendición de Siva, señor del Universo. Benarés es especialmente santa porque se encuentra en el punto donde se unen dos ríos —el Ganges y el Varuna. Todo el que muere ahí, murmurando el mantra "para cruzar", tiene asegurada la liberación y cancelación del karma.

proporciona la oportunidad de *darshan* (estar ante la presencia de Dios), *murti* (ver a la divinidad en la forma de la imagen de algún templo) y de recibir bendiciones.

Lugares sagrados

Los hindúes consideran que diversas partes de India son sagradas —de hecho, para algunos, todo el país es sagrado. Los lugares especiales se saturan de gente durante los festivales; los destinos más populares son las montañas, templos y ríos. Se cree que las montañas del Himalaya son el dios del mismo nombre, el padre Parvati, de la esposa de Siva. También creen que el mismo Siva está sentado en meditación en el monte Kailas.

Para los hindúes hay siete ríos sagrados —el Indo, el Ganges, el Godāvari, el Narmada, el Yamuna, el Saraswati (que es subterráneo) y el Cauveri. Tres de ellos —el Ganges, el Narmada y el Cauveri— son tratados como deidades femeninas. En un paisaje, a veces yermo e infértil, los ríos son adorados como portadores de vida y energía.

El hinduismo en nuestros días

En la actualidad hay más de 800 millones de hindúes distribuidos en más de 160 países. Una de cada seis personas en el mundo moderno es hindú.

El hogar del hinduismo es India, allí viven el 85 por ciento de los hindúes —alrededor de 650 millones. Hubo varios movimientos de reforma durante los siglos XIX y XX que se opusieron al sistema de castas y a la represión en el país. El reformador más famoso fue Mahatma Gandhi, que encabezó una cruzada espiritual contra la "intocabilidad", que reducía a la pobreza a millones de hindúes.

En la actualidad, es posible encontrar grandes comunidades hindúes en las Antillas y en África, así como en Sri Lanka, Guyana, Fiji y Bali. Alrededor de 800 000 hindúes viven en los Estados Unidos, allí hay muchos templos, incluyendo el de Siva-Visnú en Livermore, California, donde se han creado instalaciones para todas las corrientes del hinduismo, un equipo de sacerdotes busca satisfacer las necesidades espirituales de los hindúes. En Europa existen pequeñas comunidades hindúes; la mayor de ellas, fuera de Gran Bretaña, está en Holanda y tiene 160 000 seguidores.

EL HINDUISMO EN GRAN BRETAÑA

La comunidad hindú más grande fuera de India está en Gran Bretaña, donde hay más de 1 200 000 hindúes. Desde finales de los sesenta, los hindúes han emigrado principalmente de Pakistán, Bangladesh, Sri Lanka, Indonesia, Guyana, las Antillas, Singapur, Malasia y Uganda. Han conservado su identidad religiosa y cultural a través de templos, para asegurar que los idiomas Gujurati, Hindi y Punjabi se sigan hablando. Los hindúes creen que la religión, las tradiciones culturales y el idioma son inseparables —si se pierde el idioma, se pierden los otros dos elementos.

La comunidad es atendida en 160 templos. El más espectacular se abrió en Neasden, Londres, el 20 de agosto de 1995. Este edificio, con sus domos, pináculos y pilares tallados, se construyó de acuerdo con las enseñanzas de las antiguas escrituras hindúes y proporcionó un nuevo enfoque a los hindúes en la Gran Bretaña y Europa.

Los exteriores de grandes templos hindúes son impresionantes tanto por su escala como por su decoración. Este templo se encuentra en Madras, India.

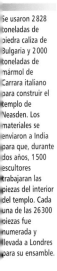

Se usaron 2 828 toneladas de piedra caliza de Bulgaria y 2 000 toneladas de mármol de Carrara italiano para construir el templo de Neasden. Los materiales se enviaron a India para que, durante dos años, 1 500 escultores trabajaran las piezas del interior del templo. Cada una de las 26 300 piezas fue numerada y llevada a Londres para su ensamble.

La historia judía se remonta a unos 4000 años, porque el judaísmo es la religión monoteísta más antigua junto con el hinduismo. Aunque el estado de Israel se creó en 1948, sólo 25 por ciento de los judíos del mundo vive ahí. La mayor población judía se encuentra en los Estados Unidos, donde vive el 30 por ciento del total.

Los judíos creen que son el pueblo elegido de Dios y que tienen una función especial en el proyecto divino. Si se es hijo de madre judía automáticamente se nace en la fe judía, aunque existen judíos que no conservan las antiguas prácticas religiosas.

Se muestran copias de la Torá durante una celebración de bar mitsvá en el Muro de las Lamentaciones, en Jerusalén.

Una parte importante de ser judío es compartir un estilo de vida —festivales, leyes en torno a los alimentos y rituales— aun si las creencias religiosas no se comparten del todo.

> No te escudes de ningún tipo de acción tras la idea de que "es asunto mío". Es asunto tuyo, pero también mío y de la comunidad. Tampoco podemos ignorar al mundo exterior. Una potente luz cae sobre los judíos. Ser judío es una responsabilidad delicada y no se puede escapar de ella, incluso si se decide ignorarla.
>
> C.G. MONTEFIORE, LÍDER JUDÍO

JUDAÍSMO

Contenido

Los inicios   40
El Holocausto   42
Las escrituras   44
La sinagoga   46
El día de descanso   48
El hogar judío   50
La oración   52
La circuncisión y
la mayoría de edad   54
El matrimonio y la muerte   56
El año judío   58
La Pascua judía   60
Tipos de judaísmo   62
El judaísmo en la actualidad   64

Los inicios

Para el judaísmo Abraham es el padre de la nación y Moisés el responsable de dar forma a la fe religiosa. Moisés liberó de la esclavitud egipcia a la nación recién creada y la condujo al umbral de la Tierra Prometida.

La historia judía comenzó cuando Abraham escuchó el llamado de Dios para que se estableciera en el territorio de Canaán. Dios le prometió muchos hijos a Jacob, el nieto de Abraham; las tribus de Israel tomaron los nombres de sus 12 hijos varones. La palabra "judío" proviene del nombre de la tribu más poderosa de Israel, Judá.

Moisés

Cuando Dios llamó a Moisés, los israelitas atravesaban por un momento desgastante de esclavitud bajo el dominio de los egipcios. Moisés escuchó la

> *¿Israel fue creado para bien de la ley, o la ley para bien de Israel? Seguramente la ley fue creada para bien de Israel. Ahora, si la ley que fue creada para bien de Israel durará por siempre, cuánto más durará Israel que fue creado por el mérito de la ley.*
>
> ECLESIASTÉS RABBAH

voz de Dios que le hablaba desde un matorral en llamas al que no consumía el fuego y, tal como le ordenó, se presentó ante el faraón egipcio para pedirle que liberara a los israelitas. Las órdenes de Dios se cumplieron sólo después de que mandó 10 plagas a los egipcios. Luego los israelitas estuvieron 40 años viajando como nómadas antes de llegar a la Tierra Prometida. Durante esta jornada —el éxodo— Dios entregó los Diez Mandamientos a Moisés en el monte Sinaí. Los judíos recibieron otras leyes que cubrían todos los aspectos de su vida personal y social. En la actualidad esas mismas leyes gobiernan las vidas de los judíos ortodoxos.

Jueces y reyes

Después de establecerse en la Tierra Prometida de Canaán (conocida luego como Palestina) los israelitas nombraron una serie de jueces, incluidos a Gideon y Sansón,

En el festival anual de la Pascua, que conmemora el éxodo de los judíos y el fin de la esclavitud, se riega una gota de vino por cada una de las plagas. Esto es para recordar que mientras las plagas trajeron la libertad a los judíos, también trajeron sufrimiento a los egipcios, por lo que el regocijo se debe moderar con tristeza.

721 a.e.c. y la parte sur bajo el de los babilonios en 586 a.e.c., lo que dejó en el exilio a una gran cantidad de judíos.

El templo

El templo fue destruido y reconstruido dos veces en los años siguientes. La reconstrucción más completa la inició Herodes el Grande, pero apenas había sido renovado, cuando los romanos lo demolieron en el año 70 e.c. No se volvió a reconstruir y el Muro de las Lamentaciones en Jerusalén es lo único que existe de esta estructura. La orientación de la fe judía cambió de los sacrificios de animales en el templo a la Torá, los rabinos salvaguardan la tradición judía y la sinagoga como lugar de aprendizaje y veneración. En la actualidad se mantiene el mismo vigor.

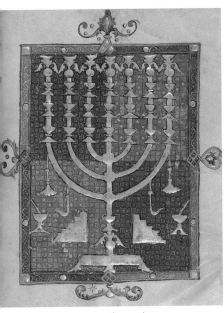

El candelabro de siete brazos, o menorá, es el símbolo del estado moderno de Israel. Una ilustración para el Festival de las Luces, o Hanuká, tomada del *Haggadá* relata cómo fue el Éxodo.

para que los gobernaran antes de cambiar al régimen de reyes. El primer rey fue Saúl, más tarde le siguió David y después el hijo de David, Salomón. David fue el rey más amado de todos los reyes de Israel y escribió muchos salmos de la Biblia judía. Salomón construyó el templo de Jerusalén, cuya belleza era parte de las leyendas del mundo antiguo. Sin embargo, sucedieron a Salomón una serie de reyes mediocres y corruptos que subyugaron a la nación. Israel se dividió; la parte norte del reino cayó bajo el dominio de los asirios en

El Holocausto

A lo largo de la historia, los judíos han sido el blanco del odio y violencia de sus opresores. El antisemitismo alcanzó su punto más alto con el Holocausto del siglo XX, los nazis masacraron a seis millones de hombres, mujeres y niños judíos.

Ningún pueblo en la historia ha sufrido tanto como los judíos en Europa en la década de los treinta y los cuarenta. Siglos de ponzoña antisemita explotaron en el ejemplo más temible de genocidio en la historia de la humanidad. En sólo seis años, entre 1939 y 1945, millones de seres humanos fueron asesinados por el simple hecho de ser judíos.

Campos de concentración

La matanza en los campos de concentración alemanes durante la Segunda Guerra Mundial fue tan espeluznante que se le llama el Holocausto, "ofrenda incinerada"; aunque los judíos prefieren llamarla la *Shoá*, que

El monumento Yad Veshem en Jerusalén, un elocuente recordatorio del Holocausto.

Aproximadamente un tercio de todos los judíos fueron asesinados por los Nazis. Al final del Holocausto quedaron 11.5 millones de judíos en el mundo. 250,000 vivían en campos segregados en Europa y 11.2 millones no tenían hogar. 650,000 se fueron al nuevo Estado de Israel en 1948.

> *Escribí y hablé porque amo a mi país; estuve convencido y en oposición pública contra Hitler y los nazis desde el principio… como una persona que aborrece la crueldad y la barbarie que Hitler y sus seguidores practicaron por tanto tiempo; con una fe profunda en los ideales de libertad y justicia por los que Gran Bretaña fue a la guerra.*
>
> OBISPO GEORGE BELL,
> FRANCO OPOSITOR DE HITLER.

significa "desolación". Durante la época en que los nazis ocuparon Europa, muchos judíos fueron apresados y enviados a los campos de concentración para ser asesinados en las cámaras de gas. Existieron 28 de estos campos y sus nombres se han convertido en símbolos universales de la crueldad de la raza humana en contra de sí misma —Dachau, Buchenwald, Auschwitz y Belsen entre ellos. Durante 1944 más de 6 000 judíos eran ejecutados diariamente en Auschwitz.

El Holocausto —una valoración

Los nazis afirmaban que los judíos representaban una amenaza para el futuro de la nación alemana. Aunque los judíos ocupaban puestos de poder en Alemania y tenían éxito en los negocios, se les acusó de no comprometerse con el futuro del país. En un conflicto de intereses entre la religión y el Estado, se argumentó que los judíos eran principalmente leales a Dios y no al Estado, como lo exigían los nazis. Además, se les veía como una amenaza para alcanzar la pureza racial que Adolf Hitler quería para el pueblo alemán.

Sólo al concluir la guerra, el mundo se dio cuenta de lo que había pasado. Aunque en un principio la comunidad judía estaba demasiado impresionada como para reaccionar, posteriormente se aseguró de que el mundo no olvidara lo sucedido. Se levantaron monumentos, se escribieron oraciones especiales y los campos de concentración se abrieron al público. En Yad Veshem, Jerusalén, se construyó un monumento especial cuyo título significa "un lugar y un nombre": el monumento consiste en una habitación vacía iluminada por una sola vela que alumbra los nombres de los 28 campos de concentración, que están escritos sobre el piso. En ese lugar también hay una línea de árboles, llamada la "Avenida de los Justos", en la que cada árbol representa a un gentil que ayudó a salvar la vida de un judío durante el Holocausto.

Las escrituras

La Biblia escrita en hebreo es fundamental para los judíos. Así como el Antiguo Testamento de los cristianos, tiene 39 libros, presentados en orden distinto.

Los judíos llaman el *Tanaj* a su Biblia que está integrada por tres partes: la ley, o Torá; los Profetas, o *Nevi'im* y Escritos, o *Ketuvim*.

La Torá

Los judíos a menudo comparan la Torá con el esquema del Universo —existió antes de la creación y antes de la humanidad. *Torá* significa "ley" o "enseñanza" y se refiere a todo lo que se conoce acerca de Dios y su relación con el mundo. Sin embargo, en un sentido más limitado, se refiere a los cinco libros de Moisés —el Génesis, el Éxodo, el Levítico, Números y el Deuteronomio— que se encuentran al principio de la Biblia. Junto con el Día de Descanso, o Shabbat, la Torá se celebra como el mayor regalo de Dios al pueblo judío.

Una parte importante del culto judío es la lectura en voz alta de partes fijas de la Torá. En la sinagoga, los pasajes del rollo de la Torá, o *Sefer Torá*, se leen por la mañana y por la tarde del Shabbat, por la mañana de un día de festival y en los días lunes y jueves. Se considera un gran honor, sólo para los hombres en la tradición ortodoxa, leer la Torá en público. La persona escogida sigue el pasaje en hebreo con un *yad* —un puntero de mano.

> *Enseñaste la Torá y los mandamientos a tu pueblo; los instruiste en los estatutos y sus juicios, Oh Dios nuestro, cuando estemos dormidos o despiertos, siempre pensaremos y hablaremos de tus mandatos y nos regocijaremos con la Torá y sus mandamientos. Tu Torá nos sostiene en la vida, meditaremos sus enseñanzas noche y día.*
>
> LIBRO JUDÍO DE ORACIONES

Los Profetas

Existen ocho libros en la tradición judía que llevan el nombre de los profetas que los escribieron. Los primeros cuatro —Josué, Jueces, Samuel 1 y 2, y Reyes 1 y 2— generalmente se

Un rollo y un yad que se usan en la veneración.

les conoce como los profetas anteriores y son libros históricos. A los otros cuatro, que se consideran como un solo libro, se les conoce como los profetas posteriores —Isaías, Jeremías, Ezequiel y los 12 profetas menores. Los profetas posteriores son principalmente colecciones de discursos que se encuentran agrupados por disciplinas. En la sinagoga se leen selecciones prescritas de los libros proféticos durante el Shabbat, los festivales o los días de ayuno.

El Talmud

Durante siglos, en la comunidad judía se mantuvo vivo por medio de la tradición oral un enorme número de juicios y opiniones que gobiernan el comportamiento religioso, social y personal de todos los días. Alrededor del año 200 e.c. se agruparon en un documento llamado la Mishná. Pronto se discutió la Mishná y surgió La Guemará, un comentario de la Mishná. La Mishná y La Guemará constituyen el Talmud. Por siglos, el Talmud ha sido una influencia considerable en la forma de vivir de los judíos.

Los Escritos

Las escrituras, la tercera sección del *Tanaj*, se consideran de menor valor que los demás, aunque contienen los Salmos, que regularmente se usan durante la ceremonia en la sinagoga en los días de festival.

La sinagoga

La sinagoga revela la dimensión pública de la fe y representa, después del hogar, el principal punto de la vida religiosa judía. En el hogar se llevan a cabo la mayoría de los rituales y se enfatiza el lado personal de la fe.

Durante su exilio en Babilonia, en el siglo VI a.e.c., los judíos ya no podían acudir al templo de Jerusalén, así que se reunían en sinagogas para estudiar y orar. Muchos rituales de la sinagoga se basaron en los del templo y la duración de los rituales representaba el modelo de lós sacrificios en el templo. Después de que los romanos destruyeron el templo de Jerusalén en el año 70 e.c. no se volvió a reconstruir y la vida religiosa de los judíos se centró en la sinagoga.

El arca y sus rollos

El punto central de cada sinagoga es el arca que se encuentra frente a la pared que mira hacia Jerusalén. Se trata

La sinagoga es un lugar de aprendizaje y oración –un centro completo para la comunidad judía. En las sinagogas ortodoxas se necesita que un mínimo de 10 hombres —un *minyán*— esté presente para que se pueda ofrecer oración. Una sinagoga de comienzos del siglo XIX en las orillas de Jerusalén.

de una alacena abierta detrás de una cortina gruesa. El arca recuerda a los adoradores del Santo de todos los Santos, el santuario del antiguo templo donde se guardaba el arca original —el arca de la alianza. El arca contenía las tablillas de piedra sobre las que se escribieron los Diez Mandamientos. En forma similar, el arca de la sinagoga contiene los rollos de la Torá —el *Sefer Torá*. Cada uno de ellos se ha copiado a mano de la Torá en hebreo y ha sido montado en dos rodillos de madera ("árboles de la vida") que tienen en la corona cabezas de plata y campanas para

> *La sinagoga es el santuario de Israel. Nació del anhelo de Israel por el Dios vivo. Durante el interminable peregrinar de Israel ha sido un símbolo visible de la presencia de Dios entre la gente. Ha aportado una belleza que es la belleza de la santidad y siempre ha ocupado los altos lugares del campeón de la justicia, la fraternidad y la paz. Es el don supremo de Israel al mundo.*
>
> LIBRO DE ORACIONES DE LA UNIÓN

representar la soberanía de Dios; además, están envueltos en terciopelo con un pectoral de ornamento para representar las vestiduras que usaba el sumo sacerdote de la época del templo. Cuando un rollo se desgasta no se le destruye, sino que se le sepulta como a un ser humano.

Durante una ceremonia en la sinagoga, el rollo se saca del arca y todos se ponen de pie a su paso como señal de respeto al lugar central que tiene la Torá en la vida judía. Se considera un gran honor que se le solicite a alguien abrir y cerrar las puertas del arca, así como leer el *Sefer Torá* durante la celebración del Shabbat.

EL ESTRADO Y LA LUZ ETERNA

El escritorio de lectura en la sinagoga se encuentra en el estrado, o bimá, y desde ahí se hacen las lecturas de la Torá. Tradicionalmente la bimá se localiza al centro de la sinagoga, pero en las sinagogas progresistas se encuentra al frente del arca. Esto significa que quien encabeza la ceremonia hace oración ya sea mirando hacia el arca (ortodoxo) o mirando hacia la gente (progresista).

La "luz eterna", o *ner tamid*, arde por encima del arca como símbolo de la presencia eterna de Dios entre su pueblo y para recordar a los devotos el candelabro de siete brazos que siempre estaba prendido en el Templo antiguo. Cerca de ahí se encuentran dos tablillas de piedra en la pared que representan los Diez Mandamientos.

El día de descanso

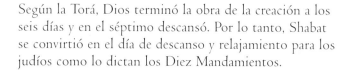

Según la Torá, Dios terminó la obra de la creación a los seis días y en el séptimo descansó. Por lo tanto, Shabat se convirtió en el día de descanso y relajamiento para los judíos como lo dictan los Diez Mandamientos.

El Shabbat es el día de la semana para descansar; empieza el viernes al ponerse el sol y termina al caer la noche del sábado. Las escrituras dan dos razones por las que los judíos deben guardar celosamente la pureza de este día:

◆ Dios descansó al séptimo día después de haber creado el mundo. Los primeros rabinos fomentaron la hermosa idea de que el descanso es un acto creativo de Dios.

◆ Después del éxodo judío de la esclavitud egipcia, Dios fomentó el Shabbat para que todos, incluyendo esclavos y animales, tuvieran un día en el que se prohíbe el trabajo.

> *Mucho más de lo que Israel ha conservado el Shabbat, es el Shabbat el que ha conservado a Israel.*
> AHAD HA'AM

Según las antiguas leyes rabínicas, no se puede hacer nada fuera de casa el día del Shabbat. Sin embargo, para evitar este problema se considera toda una ciudad como el hogar siempre cuando tenga una pared o verja alrededor. Jerusalén es una de estas ciudades.

Además de la Torá, los judíos consideran el día del Shabbat como el mayor regalo que Dios les dio.

LA HAVDALÁ

El Shabbat termina con una ceremonia simbólica llamada Havdalá, que significa "separación". El miembro más joven de la familia apaga una vela en el vino mientras la madre o el padre pasa una caja de especias, a menudo con forma de una torre, para que todos la huelan. Esto les recuerda la dulzura del Shabbat mientras llega a su fin. La ceremonia también separa al Shabbat de la semana que comienza.

La celebración del Shabbat

El Shabbat es la celebración central de la vida judía. Es el recordatorio semanal a todos los pueblos judíos de que Dios creó la vida y que hizo una alianza con ellos. Proporciona tiempo de esparcimiento para estudiar la Torá y disfrutar de la oración y la veneración. La ley judía tradicional, que se remonta a los primeros rabinos, prohíbe todo trabajo en este día y esto incluye para los judíos devotos toda actividad de negocios, gasto de dinero, compras, trabajo doméstico y el uso de cualquier forma de transporte, electricidad y hasta el teléfono.

En casa, la madre y los niños de la familia judía prenden al menos dos velas antes de que empiece el Shabbat. La madre ofrece una oración por el bienestar de su esposo y toda su familia. El tradicional movimiento de la mano que hace la madre delante de la vela probablemente simboliza la convocación para que la luz espiritual del Shabbat entre en su hogar.

A continuación, el padre bendice a su familia. A esto le sigue una comida festiva que reúne a toda la familia y termina con el canto de canciones especiales y bendiciones.

En la mañana del Shabbat toda la familia asiste a la sinagoga. Durante la ceremonia se pide a siete personas que pasen a la *bimá* para que sigan al lector, quien lee la parte prescrita de la Torá y ofrece una oración para agradecer a Dios por el regalo de ese día único. Otra persona lee un pasaje de los Profetas y la ceremonia religiosa termina con un sermón basado en la Torá.

El hogar judío

El hogar, más que la sinagoga, es el centro de la vida judía. La casa se considera un espacio sagrado y las celebraciones de más de un día, incluyendo la Pascua, se centran principalmente en el hogar.

Un hogar judío no es simplemente un lugar para vivir, sino una casa a la que se ha invitado a Dios. Se puede identificar una casa judía con sólo mirarla, tanto desde fuera como desde su interior.

La mezuzá

La Torá exige que se coloque un pequeño rollo de pergamino en un recipiente, una mezuzá, en el tercio superior de los marcos de las puertas de la casa, a excepción de las puertas del baño y la cochera. La mezuzá contiene las palabras del *Shema* (Deuteronomio 6:4-9). Al entrar o salir de la casa o de las habitaciones, los judíos ortodoxos besan las puntas de sus dedos antes de tocar la mezuzá, como una señal de su amor a Dios y a la Torá.

Los judíos tocan una mezuzá al entrar o salir de una habitación. La mezuzá contiene el *Shema* y constituye la indicación visible de un hogar judío.

Leyes en torno a la dieta

Los alimentos en la mayoría de hogares judíos se basan en las leyes del *kashrut*. Estas dietas se derivan de las leyes entregadas a Moisés en el monte Sinaí y se encuentran al comienzo de la Biblia; las leyes sostienen que todos los vegetales, frutos, granos, nueces y carne de animales que rumian y tienen pezuñas hendidas están permitidos para comer, siempre y cuando se hayan preparado según las reglas del *shechita*. La carne y los lácteos se deben preparar por separado, usando utensilios especiales para ello.

En los tiempos de la Biblia, dichas leyes preservaban la unidad del pueblo judío y evitaban cualquier parentesco con otros pueblos. La observación del *kashrut* todavía ayuda a conservar una identidad judía distintiva; promueve la autodisciplina y la

Toda la familia trata de reunirse cada semana para la comida del Shabbat. El *challah*, una hogaza de pan blanco con levadura, se corta durante la comida del Shabbat.

Escucha, Israel: el Señor nuestro Dios, el Señor es uno. Ama al Señor tu Dios con todo tu corazón, con toda tu alma y con todas tus fuerzas. Estos mandamientos que hoy te doy estarán en sus corazones.

Imprímanlos en sus hijos. Hablen de ellos cuando se sienten en casa y cuando anden por el camino, cuando estén acostados y cuando se levanten. Reténganlos en sus manos como símbolos y llévenlos en su frente. Escríbanlos en los marcos de las puertas de sus casas y en sus rejas.

EL *SHEMA*,
DEUTERONOMIO 6:4-9.

obediencia a la ley de Dios —aunque la razón de dicha obediencia no sea clara a primera vista.

El hogar judío, entonces, es un lugar especial. La tradición judía enfatiza que es un gran acto de bondad y amor proporcionar hospitalidad, alimentos y abrigo a los parientes, amigos y extraños, especialmente a quienes se encuentran a la mitad o al final de un viaje. Es especialmente un enorme *mitsvá* (buena acción) proporcionar una comida de Shabbat a quienes no puedan celebrar el día sagrado de forma apropiada.

La oración

La oración es la actividad espiritual más importante de todo judío devoto. Se le identifica como un *mitsvá*, una obligación o mandamiento que los judíos deben guardar como parte de su compromiso con la alianza que Dios hizo con sus antecesores.

Tradicionalmente, las sinagogas ofrecen tres ceremonias al día —en la mañana, al medio día y al anochecer— siguiendo el ejemplo de Abraham, que oraba por la mañana; Isaac, que interrumpía su trabajo para orar después del medio día, y Jacob, que agradecía las bendiciones de Dios al anochecer. Los judíos ortodoxos que se reúnen a orar en la sinagoga deben formar un *minyán* —un quórum de diez adultos masculinos, pero en las sinagogas reformistas y progresistas esta ley ha sido abolida.

Grande es la santidad de los tefillines, pues mientras estén sobre la cabeza y el brazo del hombre, será humilde y temeroso de Dios y no será arrastrado por la frivolidad y las palabras en vano, y no tendrá malos pensamientos, sino que dirigirá su corazón al mundo de la verdad y la rectitud. Por lo tanto, un hombre debe tratar de llevarlos puestos todo el día...
Aunque debieran usarse todo el día, es una obligación mayor usarlos durante la oración.

MOISÉS MAIMONIDES,
FILÓSOFO JUDÍO DEL SIGLO XII

Los símbolos de la oración

Una característica esencial de la oración judía es el valor inherente de los distintos símbolos, tres de los cuales son fundamentales:

◆ El *tallit* es la túnica con la que se envuelve un adorador durante la oración. Esta prenda tiene flecos en cada una de sus esquinas, de acuerdo con las instrucciones que se encuentran en Números 15:37-41. Los hombres usan el tallit sólo en la oración de la mañana para cubrir sus espaldas.

◆ Las filacterias, o *tefillines*, son cajas de cuero que contienen cuatro pasajes de las Escrituras; son colocadas en la cabeza y el brazo izquierdo y, como el *tallit*, se usan durante la oración de la mañana. Los *tefillines* no se usan en el

ORACIONES JUDÍAS

El *Siddur* es el libro judío de oraciones. Las oraciones más importantes del culto judío son el Shema (Deuteronomio 6:4-9), que es lo más próximo a una declaración de fe entre los judíos; el *Amidá*, 18 bendiciones en la parte central de la devoción judía; el *Aleinu*, que alaba a Dios y hace oración por Israel y el mundo; y el *Kaddish*, una oración por lo sagrado que a veces se usa en momentos de duelo.

Shabbat ni en los días de festival. En las sinagogas progresistas las mujeres a veces también usan el *tallit* y los *tefillines*, pero no en las sinagogas ortodoxas.

◆ El *yarmulke* es el casquete que usan los hombres judíos. Se cree que estudiar u orar con la cabeza descubierta es una falta de respeto a Dios. Los más obedientes usan el *yarmulke* en todo momento, pero la mayoría sólo lo usa mientras hace oración.

Un hombre que usa su chal, o *tallit*, y las filacterias, o *tefillines*, para hacer oración. Las filacterias se sujetan en la cabeza y el brazo izquierdo y contienen versos de las escrituras.

La circuncisión y la mayoría de edad

Los judíos comparten el rito de la circuncisión con los musulmanes, aunque se realiza por razones diferentes. La ceremonia del bar mitsvá, es relativamente moderna y significa la transición de la infancia a la edad adulta del hombre.

La circuncisión, o *brit milah*, de un niño al octavo día de su nacimiento es la costumbre judía más antigua que se practica. Dios la dio a Abraham como un "signo de la alianza" entre ellos. No es un símbolo de inducción en la fe judía —ello se hereda al nacer de madre judía—, sino el signo físico de que un niño comparte la infinita alianza de Dios.

Tradicionalmente, la circuncisión (eliminación del prepucio del pene) la hacía el padre del niño, ahora la realiza un judío capacitado, o *mohel*, en la casa del niño o en la sinagoga. La tradición ortodoxa dice que diez hombres deben estar presentes mientras se practica este rito. La madrina lleva al bebé hasta la agrupación de hombres, donde lo sostiene el

Un judío celebra su bar mitsvá frente al Muro de las Lamentaciones, en Jerusalén.

> *Bendito seas, Señor nuestro Dios,*
> *espíritu que rige al Universo, que*
> *nos has ordenado entrar en la*
> *alianza de nuestro padre Abraham.*
>
> BENDICIÓN DEL PADRE
> DURANTE EL RITO
> DE LA CIRCUNCISIÓN

padrino, pero la madre no está presente, según indica la tradición. Después de ello, el niño recibe su nombre antes de que se le coloque una gota de vino en los labios. El padre bebe el vino restante. La familia ofrece oraciones para que el niño crezca para amar a Dios, estudiar la Torá y llevar una vida de buenas acciones.

Entrada a la mayoría de edad

El Talmud indica que "tan pronto como un niño pueda hablar, su padre le enseñará la Torá". Además de aprender el idioma hebreo, también se le enseña el *Shema* y los Diez Mandamientos. Posteriormente, en su decimotercer cumpleaños, se convierte en un bar mitsvá, un "hijo de los mandamientos", y a partir de ese momento la tradición judía insiste en que tiene la edad suficiente para acatar todas las obligaciones religiosas.

En el Shabbat posterior a su decimotercer cumpleaños, el muchacho, vestido con su *tallit* y los *tefillines*, es llamado a la bimá para leer un pasaje prescrito de la Sefer Torá en hebreo. A partir de eso puede volver a ser llamado a leer la Torá en cualquier momento y ser aceptado como miembro del *minyán* que legitima cualquier acto público de oración.

Una muchacha celebra su bat mitsvá en una sinagoga reformista.

BAT HAYIL Y BAT MITSVÁ

Recientemente, a las muchachas criadas en sinagogas ortodoxas se les ha dado la oportunidad de convertirse en *bat hayils* —'hijas de valor'. La ceremonia se realiza antes de su doceavo cumpleaños. Sin embargo, las sinagogas reformistas y progresistas tienen ceremonias similares al bar mitsvá, a las que se les llama bat mitsvá —que significa hija de los mandamientos. Después de esta ceremonia, se permitirá a la joven leer un pasaje de la Torá en hebreo, aunque quizá se le dé un pasaje del libro de los Profetas o Las Escrituras.

El matrimonio y la muerte

La vida del hogar judío se centra en la naturaleza sagrada del matrimonio y la muerte es un intruso que no es bienvenido en el hogar. Los judíos tienen creencias muy claras en relación con la vida después de la muerte.

En la tradición judía, el matrimonio se considera un estado ideal para todos. Aunque el principal motivo para casarse es crear el ambiente ideal para los hijos, también consiste en dar alegría, regocijo, júbilo, exultación, placer, deleite, amor, paz y amistad a la pareja según la bendición matrimonial.

La ceremonia de matrimonio

La ceremonia de matrimonio es básicamente la misma en todas las tradiciones judías. Sin embargo, los matrimonios que se celebran en las sinagogas deben ser entre un hombre judío y una mujer judía. No se pueden celebrar el día del Shabbat o cualquier otro festival. La ceremonia comienza con la recitación del documento de boda —el *ketubah*— que establece las responsabilidades del hombre, pero no contiene ninguna promesa de la mujer. La ceremonia se realiza bajo el pabellón de boda, el *chuppah*, para simbolizar el nuevo hogar. La pareja comparte una copa de vino durante la ceremonia que

Que la gloria de Dios sea exaltada, que su gran nombre sea exaltado en el mundo cuya creación fue su voluntad. Que su reino prevalezca, en nuestro propio tiempo, en nuestras propias vidas y en toda la vida de Israel. Digamos Amén… Que la fuente de la paz mande la paz a todos los que se lamentan y conforte a todos los desolados. Amén.

ORACIÓN KADDISH

simboliza su destino común. La ceremonia termina cuando el novio rompe una copa de vidrio con el pie, para recordar a todos la destrucción del templo de Jerusalén en 70 e.c.

Muerte

Los judíos consideran que la vida es un don de Dios y la muerte es una triste pero inevitable conclusión de la vida. No se acostumbra que el rabino esté presente mientras una persona agoniza, puesto que ésa es responsabilidad del *chevra kadishah* —un grupo de hombres y mujeres de la sinagoga que se distinguen por su santidad. Permanecen con la persona agonizante hasta el final y después cuidan el cuerpo hasta que se le sepulta —un gran honor en la comunidad judía. Este acto

Durante una boda judía la pareja permanece de pie bajo el *chuppah*, un pabellón que simboliza el hogar que formarán juntos.

voluntario de amor hacia un agonizante es una verdadera *mitsvá* porque se hace sin esperar ninguna recompensa.

El cuerpo de un hombre judío se envuelve con el *tallit* con el que ha orado desde su bar mitsvá, después se coloca en un ataúd de madera para que su cabeza descanse sobre la Tierra Santa que se ha colocado dentro. Durante el funeral, que tiene lugar dentro de las 24 horas siguientes a la muerte, el rabino ofrece una oración de alabanza, se cantan salmos y se recita la oración Kaddish.

Cuando el cadáver es llevado a la tumba, las personas que llevan el féretro se detienen siete veces como un recordatorio de los siete pecados capitales que se citan en el libro de Eclesiastés. Cuando el ataúd se baja, los miembros de la familia inmediata, seguidos por otros dolientes, echan tierra sobre éste. Esto anima a los vivos a mirar al futuro —en lo que hace énfasis la fe judía. Como lo enseña el Talmud, el difunto ahora empieza su viaje a la eternidad. Las estrictas reglas que rigen el duelo están diseñadas para ayudar a los vivos a regresar a la vida normal en una forma tan ordenada como sea posible.

El año judío

Durante el año judío se celebran diversos festivales y días sagrados. Algunos, como el año nuevo y el día de la redención, son solemnes, otros, como el de las luces y el Purim, son más festivos.

Un año judío consta de 12 meses basados en el ciclo lunar. Según la tradición, los años se calculan a partir de la creación en el año 3760 a.e.c.

El año nuevo y el día de la redención

El año nuevo (Rosh Hashanah) y el día de la redención (Yom Kippur) dan comienzo al año judío. La tradición dice que en año nuevo se abren tres libros en el cielo. El primero enumera a todos los justos y a quienes serán recompensados por sus buenas acciones; el tercero revela a los malvados que castigará Dios; en tanto que el segundo contiene aquellos que tienen diez días entre el Rosh Hashanah y el Yom Kippur para demostrar que merecen el cielo. Durante el Yom Kippur los judíos se reúnen con Dios en la sinagoga a través de 25 horas de ayuno, en busca del perdón divino.

Festival del refugio y "regocijo en la ley"

Durante el festival de Sukkot, los judíos construyen tabernáculos abiertos al cielo en sus casas y en las sinagogas. Dedican tiempo en los

> *El Señor dijo a Moisés, "dí a los Israelitas: 'el primer día del séptimo mes deberás tener un día de descanso, una reunión sagrada conmemorada con descargas de trompetas. No hagas trabajo regular, más bien presenta una ofrenda de fuego al Señor...*
> *El décimo día de este séptimo mes es el día de la redención. Celebren una asamblea sagrada y niéguense a sí mismos, y presenten una ofrenda de fuego al señor. No trabajes ese día'".*
> LEVÍTICO 23:23-25, 27-28

tabernáculos con sus familias mientras recuerdan la bondad de Dios en la creación.

El *Simchat Torá* (regocijo en la ley) empieza al terminar el Sukkot. El ciclo de lecturas de la Torá en la sinagoga está completo e inicia uno nuevo. Ni siquiera existe una pausa entre uno y otro, lo que expresa la fuerte creencia de que la Torá es eterna, sin principio ni fin. A quien lee el pasaje final del ciclo anterior, Deuteronomio 33 y 34, se le

El Rosh Hashanah y el Yom Kippur son anunciados con el sonido de un cuerno de carnero o shofar.

PURIM Y SHAVUOT

El Purim, un festival menor de finales de invierno, celebra eventos registrados en el libro de Esther, en el que la reina judía de Persia, Esther, se las arregla para frustrar los planes de Haman de arrasar con toda la comunidad judía. Durante este festival el libro de Esther, o *megillah* ('rollo'), se lee en la sinagoga en medio de bulliciosas celebraciones.

El festival de Shavuot conmemora el momento cuando Dios dio la ley a Moisés en el monte Sinaí. Al Shavuot también se le conoce como Pentecostés debido a que ocurrió 50 días después de la Pesach (Pascua Judía).

llama el *Hatan Torá* —el "novio de la Torá"— para ilustrar que los judíos están "casados" con la Torá.

Festival de las luces

El festival de las luces, o Hanuká, se celebra durante ocho días en diciembre y es el único festival que no se menciona en las escrituras judías. Se basa en una leyenda del segundo siglo a.e.c. cuando un pequeño ejército de soldados judíos ganó una victoria improbable al rey seléucida, Antíoco IV. El festival del Hanuká celebra cómo la menorá, el candelabro de siete brazos del templo, permaneció iluminada durante ocho días cuando sólo tenía aceite para uno.

La Pascua Judía

La Pascua, o Pesach, celebra un acontecimiento sin igual en la historia judía: el éxodo de la esclavitud en Egipto. Los judíos consideran que ésta es una gloriosa demostración del poder de Dios y una reiteración de la alianza que hizo con Abraham y su descendencia.

La Pesach, festival de primavera, dura ocho días para los judíos de la Diáspora (los que han sido dispersados por todo el mundo), pero dura un día menos en Israel y para los judíos reformistas. La palabra "Pesach" se deriva del cordero pascual que se ofreció a Dios como sacrificio en la víspera del festival en el antiguo templo. El nombre "Pascua judía" se deriva de la narración del ángel de la muerte que pasó sobre las casa de los israelitas durante la última de las diez plagas, el acto decisivo de Dios con el que persuadió finalmente a los egipcios para que liberaran a sus cautivos.

El alimento *séder*

Antes de que comience la Pascua Judía se limpia la casa y se busca cualquier rastro de pan con levadura —*hametz*. Esto se convirtió en un juego para niños en el que se siembran piezas de pan en forma deliberada. Después, toda la familia come un alimento *séder* (orden) especial que sigue un patrón tradicional establecido en el *Hagadá*, libro que relata el éxodo.

Durante la comida, los presentes beben cuatro copas de vino, para recordar las promesas que Dios hizo a Moisés. Una quinta copa permanece intacta en la mesa, porque existe la creencia de que en el futuro regresará el profeta Elías a la Tierra el día de pascua para proclamar el comienzo del reino del Mesías en la Tierra. El hijo más joven hace cuatro preguntas normales y el jefe de la familia le relata

> En el primer mes, el día 14 por la tarde, se celebra la pascua del Señor, y el día 15 del mismo mes viene el festín con pan sin levadura para el Señor; por siete días deberás comer pan sin levadura.
> LEVÍTICOS 23:4-8

En el momento que comienza la Pascua judía no debe haber *hametz* (pan con levadura) en la casa. En el Pesach se usa loza y cuchillería especiales, que no se utilizan en otro momento, para asegurarse que no existan trazas de *hametz*.

la historia del éxodo para contestarle.

Una charola especial con seis platillos, se coloca sobre la mesa para recordar el éxodo. Todos los platillos se prueban, a excepción de dos, una pierna asada y un huevo:

◆ Tres hogazas de *metzah* simbolizan el hecho de que cuando los judíos salieron de Egipto tenían tanta prisa que no pudieron esperar a que su pan estuviera listo, así que sólo llevaron pan sin levadura con ellos. Durante la pascua sólo comen pan sin levadura.

◆ Hierbas amargas, o *Maror*, hacen recordar la amargura de los más de 400 años de esclavitud en Egipto.

◆ Perejil en agua con sal o vinagre para recordar las lágrimas de los esclavos hebreos.

◆ *Haroset* —una mezcla de nueces, vino y manzana— que simboliza el cemento que los judíos fueron obligados a usar en la construcción de las casas para los egipcios.

Un elemento vital de la pascua es compartir las bendiciones con los demás, por lo que los menos afortunados son invitados a la comida. También se celebran ceremonias especiales en la sinagoga para distinguir el festival. En esas ceremonias se lee la Torá, la historia del éxodo se vuelve a contar y se cantan salmos y alabanzas.

Un vitral que conmemora el festival de la pascua.

Tipos de judaísmo

El judaísmo atraviesa la etapa más separatista de su historia. En algunos lugares existen varias sinagogas y cada una ofrece su versión de "verdadero judaísmo". Las diferencias han provocado ásperos debates y violencia, especialmente en Israel.

Hay cinco tipos principales de judaísmo: el judaísmo ortodoxo, el conservador, el reconstruccionista, el hasídico y el reformista.

Judaísmo ortodoxo

Los judíos ortodoxos son los seguidores tradicionales del judaísmo rabínico; se consideran a sí mismos los únicos fieles defensores de la inmutable fe de Israel. El judaísmo ortodoxo hace énfasis en la autenticidad de las revelaciones de la Biblia, especialmente la Torá, y en la plena autoridad de la ley rabínica y sus interpretaciones del Talmud. Actualmente los judíos ortodoxos están obligados a obedecer 613 mandamientos, o *mitzvot*, de la Torá. En un extremo del espectro ortodoxo se encuentran los ultraortodoxos —literalmente aquellos que tiemblan de miedo ante Dios y su ley. En el otro, están los ortodoxos modernos, que siguen las enseñanzas de Samuel Raphael Hirsch (1808-88), rabino y pensador alemán, creen

Una mujer rabino lee la Torá en una ceremonia reformista.

> *La reforma declaró que el judaísmo ha cambiado con el tiempo y que la ley judía ya no es obligatoria. Los ortodoxos insisten en el carácter obligatorio de la ley judía, y niegan la idea de que el judaísmo ha evolucionado. El judaísmo conservador está de acuerdo con el ortodoxo en mantener la autoridad de la ley judía pero concuerda con los reformistas en que el judaísmo evolucionó al pasar el tiempo.*
> RABINO ROBERT GORDIS

en una combinación entre la Torá y el aprendizaje occidental.

Judaísmo conservador

El judaísmo conservador inició en los cuarenta y se ha mantenido fiel a casi todas las tradiciones de la fe, aunque ha hecho algunas concesiones de reforma, esto es el tipo dominante entre los judíos estadunidenses.

Reconstruccionismo

Lo fundó el rabino Mordecai Kaplan en los Estados Unidos durante los veinte. Aunque surge del perfil ortodoxo, el rabino delineó una visión más enfocada a la cultura que a las creencias y prácticas judías. Kaplan rechazó la idea de un Dios omnisciente que hizo una alianza a través de Abraham y que le dio las leyes contenidas en la Torá al pueblo elegido.

Judaísmo hasídico

Comenzó en los 1700 con Baal Shem Tov (1700-60). El hasidismo abandonó el énfasis ortodoxo en la erudición y se concentró en las tradiciones espirituales y místicas. Se cree que los líderes del hasidismo (*rebbe*) tienen dones espirituales superiores a los del rabino. Los movimientos hasídicos son predominantes en Israel y en los Estados Unidos.

Judaísmo reformista

Comenzó en la Alemania de 1840 y enseñaba que los judíos tenían igual responsabilidad con el país en que vivían que con la fe judía. Esto llevó a los reformistas a distinguir entre los elementos del judaísmo que tienen valor duradero y los que son temporales. Argumentan que la tradición necesita reinterpretarse a la luz de lo que es aceptable actualmente. Por ejemplo, las sinagogas no separan a hombres y mujeres durante las ceremonias, practican el equivalente al bar mitsvá para las jóvenes y ordenan a rabinos mujeres.

El judaísmo en la actualidad

Ninguna religión ha emergido intacta del siglo XX, pero ninguna ha sido tan afectada por acontecimientos que están fuera de su control como el judaísmo. Más del 30 por ciento de los judíos del mundo murió durante la Segunda Guerra Mundial, un golpe del que el judaísmo no se ha recuperado todavía y quizá nunca lo haga.

Existen pequeñas comunidades judías en casi todos los países del mundo. A principios del siglo XX los dos centros principales del judaísmo eran Europa del Este, especialmente Polonia y Rusia, y los Estados Unidos. Durante la Segunda Guerra Mundial, los judíos de Europa del Este fueron diezmados por los nazis que ocuparon Hungría, Polonia, Checoslovaquia y los países bálticos. La muerte de seis millones de hombres, mujeres y niños persuadió al mundo de que era necesario crear un estado judío. La creación de Israel en 1948 significó que los judíos finalmente tenían su propio hogar. Hacia el año 2 000, cerca de 4 700 000 judíos vivían ahí.

Judíos en los Estados Unidos

La mayor comunidad judía (5 900 000) se encuentra en Estados Unidos. Esta comunidad ejerce una considerable influencia en los asuntos de Estado, especialmente en política y negocios. Al mismo tiempo, la comunidad judía estadounidense se ha enfrentado a problemas similares de la comunidad judía en otras partes del mundo. La sinagoga tiene menos influencia que antes y 50 por ciento menos de judíos afiliados. Cada vez son más los judíos estadounidenses asimilados por la

> *La migración es un asunto perturbador. La migración no es extraña para los judíos; de hecho, es una característica profundamente arraigada en la experiencia histórica de los judíos. Pero ese conocimiento no facilita el enfrentamiento con la ansiedad y las dificultades prácticas...*
> *Hay un periodo de incertidumbre y ajuste que puede durar varias generaciones: hay problemas de aceptación en una nueva sociedad y una cierta nostalgia por un pasado perdido.*
>
> NICHOLAS DE LANGE

La característica principal de una ceremonia religiosa en una sinagoga es la lectura de la Torá. El rollo de la Torá, o *Sefer Torá*, se alberga en el arca, una especie de alacena ubicada en la pared de la sinagoga orientada hacia Jerusalén.

cultura secular y las cifras de matrimonios entre distintas religiones aumentan. En la década de los cincuenta, menos de siete por ciento de los judíos se casaban fuera de su fe; actualmente la cifra es mayor a 40 por ciento y crece. Menos de la mitad de los hijos de matrimonios mixtos permanecen en la fe judía, el futuro parece desalentador.

Judaísmo en otras partes

El conflicto entre los israelíes y sus vecinos árabes se remonta a mucho tiempo y, hasta la fecha, no se ha resuelto. Los judíos del norte de África y los estados árabes emigran a Israel en grandes cantidades y el país se ha convertido en una mezcla de askenazis —judíos de Europa del Este, en su mayoría

descendientes de los sobrevivientes del Holocausto— y sefaraditas —judíos del antiguo imperio islámico. Innumerables judíos de Yemen y Falashas de Etiopía fueron recibidos en Israel después de las guerras civiles en su países. Durante la Guerra Fría se permitió a pequeños grupos salir de Rusia para emigrar a Israel; tras el colapso de la URSS, la infiltración se volvió incontrolable.

Existen grandes comunidades judías en otras partes del mundo. La comunidad judía en Gran Bretaña alcanza los 300 000, en Australia hay 95 000, en Sudáfrica 98 000, en Canadá 356 000 y en Argentina 225 000.

La gente ha seguido las enseñanzas de Buda durante más de 2 500 años —desde India, donde vivió, hasta Europa y América, donde la fe se ha extendido. Hay casi 400 millones de budistas en el mundo. Los budistas creen que el deseo ata a los seres humanos a un ciclo de nacimiento, vida y muerte y que se nace innumerables veces en niveles diferentes de existencia. Creen que es posible escapar de los renacimientos sucesivos y alcanzar el nirvana. Las enseñanzas de Buda son una guía para todos los budistas que anhelan desarrollar las cualidades de la no violencia, la sabiduría y la compasión. En su momento, igual que Buda y otros, serán iluminados.

Los budistas creen en una realidad máxima, pero no la llaman "Dios". Algunos budistas se sienten más

Parte de la colección de 394 imágenes doradas de Buda en Wat Po, Bangkok, Tailandia.

satisfechos de hablar en términos de una filosofía de vida más que de una religión.

El budismo ofrece una forma de reflexión inteligente acerca del predicamento del ser humano. Todos tenemos la experiencia de nacer en forma de ser humano y tenemos que... percibir todo tipo de cosas, desde lo mejor hasta lo peor, desde placer hasta dolor... Nadie está exento de la experiencia de sufrimiento, crecimiento, madurez, muerte...

VENERABLE SUMEDHO

BUDISMO

Contenido

Buda   68

Formas de budismo   70

Escrituras   72

Creencias   74

Enseñanzas   76

Veneración   78

Oración y meditación   80

Festivales y celebraciones   82

El budismo en la actualidad   84

Buda

El príncipe Siddharta Gautama cambió para siempre su privilegiada vida en palacio cuando vio a un anciano, un enfermo, un grupo de dolientes y un hombre santo por primera vez. Después de años de búsqueda, encontró la respuesta al sufrimiento.

Siddharta Gautama nació aproximadamente en 560 a.æ.c. en el norte de India, uno de los centros intelectuales y espirituales más importantes del mundo. Una leyenda relacionada con su nacimiento indica que Maya, su madre, soñó que un elefante blanco entró en su seno. Diez meses después dio a luz mientras la tierra temblaba durante la luna llena de mayo. Maya murió a las siete días porque, como cuenta la leyenda, ella que había traído al mundo a un Buda no podía servir para ningún otro propósito. El niño fue criado por su tío en medio del lujo.

Rahula

El joven príncipe se casó con Gopa, o Yashodara, y su primer hijo se llamó Rahula, que significa "cadenas", porque se sentía prisionero de su estilo de vida. Cuando se las arregló para salir del palacio cuatro experiencias fortalecieron dicho sentimiento:

◆ Vio a un frágil anciano y fue testigo de cómo la vejez destruye la memoria, la belleza y la fuerza. Antes de eso no se había encontrado con la vejez.
◆ Vio a un inválido agobiado por el dolor; quedó impactado al ver ese sufrimiento y "tembló como el reflejo de la luna sobre el agua ondulante". Antes de eso no se había encontrado con el sufrimiento.
◆ Vio dolientes que lloraban en una procesión funeraria y le perturbó la congoja de la muerte. Antes de eso no se había encontrado con la muerte.

Cuando Siddharta Gautama era muy joven, un brahmán hindú profetizó que se convertiría en un iluminado que ayudaría a los demás a vencer el sufrimiento de sus vidas. Otros ocho brahmanes lo confirmaron.

Entonces cuando vio la tercera imagen pensó: "¡Ay de mí!, todos los seres vivos se desgastan. Nacen una y otra vez, envejecen y mueren, pasan a una nueva vida y vuelven a nacer. Lo que es más, la avaricia y las falsas esperanzas los ciegan y son ciegos de nacimiento. Atemorizados, todavía no saben cómo salir de este gran mal". Siddharta descubrió que la falta de autoconocimiento era la clave.

ESCRITURAS BUDISTAS

Buda el iluminado. La reacción de Siddharta Gautama al ver el sufrimiento fue la de empezar la búsqueda del significado de la vida. Después de cinco años de estricta disciplina atravesó tres etapas de iluminación y se convirtió en Buda.

◆ Vio a un hombre santo que vagaba, contento y dichoso, pidiendo limosna con un tazón. De pronto entendió que los placeres de la vida no valían la pena. Lo que ahora anhelaba era el verdadero conocimiento y para encontrarlo abandonó su palacio a media noche.

Iluminación

Siddharta se unió a muchos otros hombres santos en busca del verdadero conocimiento.

Probó los ejercicios del yoga y vivió en extrema pobreza durante cinco años con cinco compañeros. Sin embargo, no encontraba la respuesta. Se sentó en aislamiento bajo un árbol *bodhi* para meditar y ahí sucedió. Durante las tres siguientes noches atravesó tres etapas de iluminación y resistió las tentaciones de Mara, el malvado. En la primera noche sus vidas anteriores desfilaron frente él. En la segunda, vio el ciclo de nacimiento, vida y muerte —y la ley que lo gobierna. En la tercera comprendió las cuatro nobles verdades: la universalidad del sufrimiento, el origen del sufrimiento (el deseo humano), la cura para el sufrimiento y cómo encontrar la cura. Descubrió que todas las personas sufren, que el sufrimiento se deriva de los anhelos del ser humano y que se detiene al eliminar los anhelos. Así, se convirtió en Buda, el "iluminado".

Más tarde, el altísimo Dios, Brahma, pidió tres veces a Siddharta que ayudara a los demás para alcanzar la iluminación, lo que hizo durante los siguientes 44 años, sus primeros seguidores fueron los cinco compañeros de pobreza.

Formas de budismo

En los siglos posteriores a la muerte de Buda surgieron el budismo theravada y el mahayana como las dos principales escuelas de pensamiento budista.

El budismo theravada (el vehículo menor) es el camino a la salvación que a menudo siguen los monjes. El budismo mahayana es la mayor de las dos escuelas con más de 300 millones de seguidores en todo el mundo.

Budismo theravada

El budismo theravada se practica en Sri Lanka, Myanmar (anteriormente Birmania), Tailandia y otras partes del sudeste asiático. "Theravada" significa el camino de los ancianos. Sus enseñanzas se basan en las escrituras llamadas el *canon pali*, que según los budistas theravada es el registro más exacto de lo que dijo e hizo Buda. En general, el *canon pali* enfatiza que Buda sólo era un hombre, uno en una sucesión de budas y que la iluminación se puede alcanzar si se siguen su ejemplo y enseñanzas.

En la comunidad theravada hay dos grupos de personas:

◆ Los monjes y monjas, o *bhikkus*, que dependen de los

Monjes budistas pidiendo limosna por la mañana en un pueblo en Myanmar (anteriormente Birmania).

BUDISMO ZEN

De los diversos tipos de budismo en Japón, el budismo zen es uno de los menos comunes. Enseña que una persona debe ir más allá de las palabras para entender la existencia. Un monje puede pasar toda una vida meditando acerca de una sola oración o palabra llamada koan. Un *koan* es un rompecabezas que no tiene respuesta, uno muy popular es: "¿cuál es el sonido de una mano aplaudiendo?" Los budistas zen a menudo construyen hermosos jardines como ayuda para la meditación.

budistas laicos para su alimentación y vestido, están exentos de tareas domésticas y tienen más oportunidades de llegar al nirvana. Los más iluminados son los "monjes del bosque", que practican una forma estricta de meditación. Es casi imposible que una persona común alcance la iluminación, así que quien quiera alcanzarla debe convertirse en monje o monja —un *bhikku*.

◆ Los jefes de familia logran mérito para un renacimiento futuro si ofrendan comida, vestido y dinero a los monjes y monjas.

Budismo mahayana

"Mahayana" significa "el gran vehículo", los budistas mahayana creer que Siddharta Gautama fue sobrehumano. Sostienen que han existido, existen y existirán otros budas. El budismo mahayana afirma ofrecer más posibilidades de iluminación que el budismo theravada y se basa en tres principios de las enseñanzas de Buda:

◆ Las personas no dependen de sus propios esfuerzos para alcanzar el nirvana. Los Bodhisattvas —gente que ha alcanzado la iluminación y que permanece en la Tierra por voluntad propia— pueden ayudarles a alcanzarla.
◆ Cualquier actividad es un vehículo en el camino hacia la iluminación —incluyendo mantras, koans, tallado en madera o dibujos de agua.
◆ El *sangha* puede ayudar a los que desean alcanzar la iluminación, es la comunidad de monjes y monjas que siguen las enseñanzas de Buda.

El budismo mahayana se subdivide en otras escuelas y es la principal práctica en Japón, Corea, Mongolia, China, Tíbet y Nepal.

Escrituras

Como hábil maestro, Buda usó parábolas, ilustraciones tomadas de la naturaleza, símiles, metáforas, preguntas y respuestas, discusiones y debates para hacer llegar su mensaje —sin embargo, no escribió nada. Después de su muerte sus discípulos recopilaron los fragmentos de sus enseñanzas.

Las escrituras budistas se agrupan en dos categorías: las que según la tradición provienen de Buda y los escritos de hombres santos y eruditos. Tanto el budismo theravada como el mahayana tienen sus propias escrituras.

Escrituras theravada

Durante muchos siglos las primeras enseñanzas de Buda se conservaron vivas y pasaron por tradición oral gracias al *sangha*, la comunidad de monjes y monjas budistas. En el primer siglo anterior a nuestra era, esas enseñanzas se escribieron en idioma pali sobre hojas de palma en Sri Lanka. El mismo Buda hablaba un dialecto de pali. A estas escrituras se les conoce como *canon pali*, el cual tiene tres secciones llamadas las tipitaka (las "tres cestas"):

◆ La *vinaya pitaka* trata de la *sangha*.
◆ La *sutta pitaka* se conforma por una serie de discursos de Buda.

> *Aferrarse a una cierta perspectiva y considerar otras perspectivas como inferiores: el hombre sabio llama a esto cautiverio.*
>
> SUTTA NIPATA

◆ La *abhidharma pitaka* es un análisis de las enseñanzas de Buda.

Estas escrituras se leen en su idioma original siempre que es posible, aunque el uso de una traducción es aceptable.

Escrituras mahayana

Las primeras escrituras mahayana se redactaron en sánscrito, uno de los primeros idiomas de India. La mayor parte de su contenido se encuentra en el *canon pali* pero se han agregado otros libros. Se dice que estos libros adicionales tienen la autoridad de la palabra de Buda. Uno de los más famosos es el *Sutra Vimalakirti*, que trata de un jefe de familia que es más santo que todos los bodhisattvas.

Los budistas tibetanos creen que las escrituras estuvieron escondidas hasta que la comunidad budista fuera capaz de recibir y entender sus enseñanzas. Dichas escrituras se siguen descubriendo en la actualidad, y la que más se usa es *El Libro tibetano de la muerte*.

Monjes novicios en un monasterio de Myanmar (anteriormente Birmania) estudian las escrituras. No existe un canon universalmente reconocido, sino que las diferentes tradiciones de budismo veneran sus propias colecciones de escrituras.

Creencias

Después de que Buda alcanzó la iluminación decidió no entrar de inmediato en el nirvana para poder enseñar su visión a los demás. Esta visión consiste en entender las cuatro nobles verdades y seguir el óctuple sendero (el camino intermedio).

Las cuatro nobles verdades y el óctuple sendero yacen en el corazón de las enseñanzas de Buda.

Las cuatro nobles verdades

Toda la práctica budista está diseñada para ayudar a la gente a alcanzar un pleno entendimiento de las cuatro nobles verdades, que son la base de todo el credo budista:

◆ Todo en la vida es sufrimiento. La enseñanza budista tiene como objetivo ayudar a que la gente lo entienda y lo supere.
◆ El origen del sufrimiento es el apego a la vida, al placer y al dinero.
◆ Eliminar este apego significa que el sufrimiento también se elimina.
◆ El camino intermedio entre el ascetismo y el hedonismo es la única manera de eliminar el apego.

Al eliminar el deseo egoísta y el apego a este mundo, se puede romper finalmente el ciclo de nacimiento, vida y muerte. Esto se logra si se sigue el óctuple sendero, o camino intermedio, que yace entre los extremos del ascetismo y la sensualidad.

El óctuple sendero

Buda dio a sus seguidores varias imágenes para ayudarles a entender el camino intermedio. Lo comparó con un tanque de agua para los que tienen sed; un fuego que calienta para quienes padecen frío; una prenda que cubre a quienes están desnudos y una

> Esto, Oh Bhikkus, es la noble verdad del sufrimiento: la muerte es sufrimiento, la presencia de objetos que odiamos es sufrimiento, la ausencia de los objetos que amamos es sufrimiento, no obtener lo que deseamos es sufrimiento. Brevemente, la quíntuple afición por la existencia es sufrimiento. Toda la existencia es dukkha [sufrimiento].
> BUDA

Uno de los títulos del Buda es *Tathagata* (que se ha ido así) y al seguir el camino intermedio cada budista sigue al Buda hacia la iluminación.

Las enseñanzas de Buda explican la naturaleza del sufrimiento y cómo escapar de éste, y del ciclo de nacimiento, muerte y renacimiento, para alcanzar el nirvana. Todo en la vida está gobernado por el karma –la ley de causa y efecto. Una vida buena genera karma positivo en la siguiente. Sin embargo, el objetivo es alcanzar el nirvana y liberarse de la ley del karma.

lámpara que alumbra a los que están en la oscuridad. Los diferentes pasos del óctuple sendero son como los rayos de una rueda: aunque cada uno tiene un valor propio, se fortalece al unirse con los otros; y son:

◆ Entendimiento de las cuatro nobles verdades.
◆ Pensamientos dirigidos a amar todas las formas de vida, incluso la más humilde.
◆ Palabras puras, nobles y bien intencionadas.
◆ Acciones correctas que involucran comportamiento moral, ser considerado con los demás y mostrar bondad a todas las criaturas vivas.
◆ Forma de vida correcta, un budista no debe ganarse la vida con nada que involucre violencia o lucrar con su religión; la comunidad debe sustentar a los monjes budistas.
◆ Esfuerzo para evitar pensamientos malos.
◆ Atención consciente de las necesidades de los demás.
◆ Concentración a través del uso de la meditación, que permite a una persona estar tranquila y en paz consigo misma y con el mundo.

Enseñanzas

Otras enseñanzas se agregaron más tarde a las cuatro nobles verdades y al óctuple sendero. Las más importantes son los cinco preceptos.

El ciclo de nacimiento, vida y muerte significa que nada en la existencia es permanente y que todo es un estado de constante flujo. A esto se le conoce como *anicca*, que significa "impermanencia". Cuando los seres humanos se esfuerzan por la permanencia el resultado es el sufrimiento o *dukkha*. Buda enseñó que, en vista de que todo ser humano está en constante cambio, toda la experiencia involucra sufrimiento y no hay un ser que se mantenga invariable. En este sentido el hinduismo y el budismo son diferentes. El hinduismo enseña que hay un alma permanente, el atman, que

La rueda de la vida a la que da vuelta Yama, el Dios de la muerte. El círculo del centro representa la ambición, el odio y la desilusión. Al avanzar hacia fuera, el siguiente círculo muestra las diferentes esferas de la existencia, desde el reino del infierno hasta el reino de los dioses. El círculo exterior muestra la cadena del karma. El ciclo completo se repite continuamente.

La mayoría de los budistas son vegetarianos y pacifistas.

sobrevive a la muerte y vuelve a nacer. Sin embargo, Buda enseñó que el alma no es más que un conjunto de experiencias que se evapora al momento de la muerte.

Los cinco preceptos

Los cinco preceptos son guías morales que todos los budistas intentan seguir:

> *[El Dharma] es como un hombre, bikkhus, que mientras viaja ve un enorme trecho de agua… pero no hay ni una embarcación ni un puente para cruzarlo… Se le ocurre que para cruzarlo… debe fabricar una balsa de pasto y ramas… Cuando ha terminado y cruza el trecho de agua piensa que la balsa ha sido muy útil y se pregunta si debería llevarla consigo… ¿ustedes qué creen, monjes?*
>
> BUDA

◆ Evitar destruir o dañar a cualquier ser vivo.

◆ Evitar tomar lo que no es dado.

◆ Evitar cualquier inmoralidad sexual.

◆ Evitar todo discurso innecesario, como la mentira, los rumores y el chismorreo.

◆ Evitar el contacto con las drogas y el alcohol, porque pueden nublar la mente y el juicio.

Nirvana

El ciclo infinito de nacimiento, vida y muerte se llama samsara, que significa "peregrinación sin fin". Todos los seres vivos son parte de este ciclo y no pueden liberarse de él hasta que lleguen al nirvana. El nirvana, "el lugar de la serenidad", es el estado en el que las flamas de la pasión y la avaricia se han extinguido.

EL KARMA Y LA REENCARNACIÓN

La suma de las acciones humanas, o karma, influye directamente en la existencia futura de una persona. Las acciones morales determinan si una persona reencarna o si ha llegado al nirvana. Los laicos budistas tratan de crear buen karma haciendo acciones loables y para esperar un buen renacimiento. Además de entender las cuatro nobles verdades y seguir el óctuple sendero, los budistas tratan de almacenar méritos al ayudar a los monjes de su localidad. En vista de que a los monjes no se les permite ganar dinero, estos dependen de la comunidad para su alimentación y vestido. Los budistas laicos a menudo patrocinan la ordenación de los monjes y colocan alimentos y otros regalos en los tazones con los que los monjes piden limosna. A los monjes sólo se les permite pedir limosna antes del mediodía.

Veneración

Buda fue un maestro, no un Dios. La veneración que ofrecen los budistas —en el monasterio, el templo o su hogar— consiste en rendir homenaje ante una estatua de Buda y recitar oraciones sagradas.

El monasterio, o *vihara*, es el centro clave de la devoción budista, aunque la veneración también tiene lugar en el templo y en el oratorio del hogar budista.

El monasterio

El monasterio es un lugar de actividad espiritual, aprendizaje y estudio. Ahí los monjes —cuyos secretos se espera que se transmitan a los budistas laicos— llevan una vida de devoción y meditación y transmiten el Dharma —"ley universal", las enseñanzas de Buda— a la gente, y tratan de satisfacer sus necesidades espirituales. Los monjes también participan en ceremonias importantes de la vida, especialmente las del nacimiento, el matrimonio y la muerte.

Los monjes budistas viven según las guías del *canon pali*. Observan los cinco preceptos, a los que le han agregado cinco reglas más:

◆ No se les permite participar en ninguna forma de entretenimiento, incluyendo cantar y bailar.
◆ No pueden dormir en una cama lujosa.
◆ No pueden comer fuera del horario del monasterio.
◆ No pueden usar perfumes o desodorantes.
◆ No deben aceptar ningún regalo de oro o plata.

El acto de veneración

El cuerpo, el idioma y los pensamientos son elementos integrales de la veneración budista, por lo que el silencio, la meditación, la enseñanza, la presentación de ofrendas y los cantos están totalmente involucrados. Antes de entrar a la habitación donde se encuentra el altar, que tiene

> *Hago las ofrendas a Buda con estas flores y por este mérito espero la liberación. Así como estas flores se desvanecerán, así mi cuerpo va hacia la destrucción.*
> *A él, de cuerpo y cara aromatizada, con la fragancia de valores infinitos, al Buda, hago ofrenda con incienso perfumado.*
> ORACIÓN BUDISTA

El templo del monasterio Sera, cerca de Lhasa, Tíbet. La vida en el Tíbet estaba estrechamente ligada con la tradición monástica hasta que las autoridades chinas cerraron los monasterios, en la década de los cincuenta.

imágenes del Buda, los devotos se quitan los zapatos. Después juntan sus manos antes de postrarse ya sea de rodillas, para los budistas theravada, o de pie, para los budistas tibetanos. Se pueden hacer tres ofrendas básicas:

◆ Las flores se ofrecen como un recordatorio de la "impermanencia" de la vida.
◆ La luz se ofrece para despejar la oscuridad.
◆ El incienso se ofrece para recordar la perdurable fragancia de las enseñanzas del Buda.

Los budistas mahayana hacen una ofrenda séptuple al Buda, que a menudo se simboliza con siete tazones de agua, útiles para beber, bañarse o lavarse los pies.

Finalmente, después de que se ha presentado la ofrenda, se recitan los Tres Refugios —el Buda, el Dharma y el Sangha— así como los cinco preceptos. Después se cantan algunos mantras y se medita en silencio. Puede haber alguna enseñanza antes de que termine la veneración.

Oración y meditación

Los budistas hacen meditación para liberar sus mentes de la agresión, la envidia y la codicia que son parte de la condición humana. Al hacerlo permiten que la calma y la sabiduría lleguen a ellos.

Cuando los budistas entran a la habitación del altar en el templo y ven una estatua de Buda, éste les inspira la amorosa bondad, compasión, alegría y serenidad —estados del ser al que todos aspiran. La meditación y la oración son dos disciplinas espirituales que permiten alcanzar dichos estados del ser.

Oración

Los budistas en Nepal y el Tíbet utilizan cuentas de oración (*mala*) para orar. El *mala* puede tener 108, 54 ó 27 cuentas, hechas con semillas, madera o plástico. Los budistas usan las cuentas para contar el número de veces que se postran y para ayudarles a la concentración. Por cada cuenta recitan un mantra o el nombre de un Buda o Bodhisattva. El círculo de cuentas a veces contiene tres cuentas más grandes para recordar a los devotos los Tres Refugios —el Buda, el Dharma y el *Sangha*.

Los budistas tibetanos creen que cuando se recitan los mantras muchas veces, se crean buenas vibraciones dentro de la persona. Si se repite un mantra en cantidad suficiente, la mente se puede abrir a una forma superior de conciencia. Al mayor de los mantras —Om mani padme hum— se le conoce como la "joya en el loto" porque se cree que abarca la esencia de las enseñanzas de Buda. La "joya" está escrita en cilindros giratorios de latón llamados ruedas de oración. Cada templo y vihara tiene un conjunto de ruedas de oración que la gente hace girar para que las vibraciones vayan en todas direcciones.

Meditación

La meditación es importante para todos los budistas —ordenados y laicos— porque Buda alcanzó la iluminación a través de ella. Existen dos formas básicas de meditación:

◆ *Samatha* está diseñada para guiar al desarrollo de la mente y su genuina tranquilidad. Por lo general, la mente se

Giro de las ruedas de oración. Cada rueda tiene un canto, o mantra, escrito sobre su superficie para que el mantra se repita muchas veces mientras se hacen girar las ruedas.

La oración como tal no existe en el budismo porque no hay nadie a quien hablarle. En mi devoción me digo a mí mismo, "En la medida de mi mejor capacidad, trataré de imitar la vida de Buda". Por lo tanto tengo mi habitación del altar y hasta mis hijos, antes de ir a trabajar o a la escuela, hacen sus devociones y después salen. Es casi igual que tener un retrato de tus padres para recordar el amor que te tuvieron.

FRAGMENTO DE UNA ENTREVISTA A UN BUDISTA ACERCA DE *LOS MUNDOS DE LA FE*, BBC RADIO 4, 1983

encuentra en un estado de constante flujo debido a las distracciones de los sentidos, los deseos y la reflexión. Esta meditación la libera y le da un solo foco de atención.

◆ *Vipassana* está diseñada para la introspección a las verdades de la "impermanencia" (*annica*), el sufrimiento (*dukkha*) y el "no ser" (*anatman*).

Vipassana es superior a *samatha* porque produce el tipo de entendimiento que lleva a la iluminación. Es la base de las enseñanzas en los centros de meditación theravada.

Festivales y celebraciones

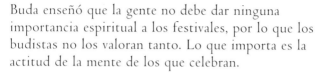

Buda enseñó que la gente no debe dar ninguna importancia espiritual a los festivales, por lo que los budistas no los valoran tanto. Lo que importa es la actitud de la mente de los que celebran.

La fecha y el significado de cada festival budista depende de las tradiciones y la cultura de cada país. Algunos festivales celebran la vida de Buda, sus enseñanzas o su iluminación. Otros celebran los Bodhisattvas, maestros importantes o acontecimientos en la historia del budismo. A menudo, junto con estos festivales hay eventos nacionales de celebración que marcan el año agrícola.

Día *wesak*

Se cree que el nacimiento, la iluminación y la muerte de Buda ocurrieron en un mismo día del mes de *wesak* (mayo a junio). Los budistas celebran esos acontecimientos el día de *wesak*; decoran sus casas, hacen ofrendas en el templo y usan velas y otras luces para simbolizar la iluminación de Buda. También se cree que el día wesak es el momento cuando Buda predicó el primer

La devoción a Buda es parte de la vida cotidiana en los países que profesan el budismo, como Sri Lanka y Tailandia. En esos países, los templos, altares y monasterios son elementos comunes.

Dharma y se conmemora con un jubiloso festival en los países budistas.

Días *uposatha*

Los días *uposatha* están relacionados con las fases de la luna y otras fechas especiales del calendario lunar. *Uposatha* significa "entrar para quedarse" y en estos días los budistas laicos visten ropa especial, generalmente batas blancas, y acuden al vihara local para unirse con los monjes en sus cantos y recitaciones. Pasan suficiente tiempo meditando y observando los diez preceptos del día que les permiten ganar méritos para su siguiente reencarnación.

Festivales locales

Además de los principales festivales hay otros que se celebran localmente. Algunos están asociados con las

> *Con esta lámpara que resplandece con firme fortaleza, destruyendo la oscuridad, hago ofrenda a la lámpara verdaderamente iluminada del mundo, el disipador de la oscuridad. Con este fragante humo lleno de perfume, hago ofrenda a quien merece recibirla.*
>
> UNA ORACIÓN PARA EL DÍA *WESAK*

reliquias de Buda, como el famoso festival del diente sagrado en Kandy, Sri Lanka.

Algunos budistas se envían tarjetas *wesak*, que están decoradas con un loto, el símbolo de la pureza o una fotografía del nacimiento, la ilustración o muerte de Buda, o quizá un árbol *bodhi*.

TEMPORADA DE LLUVIAS

Se cree que durante la temporada de lluvias, o *Asalha*, Buda entró al Cielo y enseñó el Dharma a los dioses. Durante esta época del año es difícil viajar en muchos países budistas así que los monjes permanecen en sus monasterios para meditar y estudiar. Al final del *Asalha*, los monjes celebran una ceremonia especial en la que piden perdón a sus compañeros por alguna ofensa anterior. Los budistas laicos hacen regalos útiles a los monjes, este festival de entrega se llama Kathina.

El budismo en la actualidad

Durante el siglo XX los budistas sufrieron persecución y represión en distintos lugares del mundo, aunque continuaron su expansión. Desde principios de los setenta, el budismo ha sido acogido en diversos países occidentales, como Gran Bretaña y Estados Unidos.

Durante sus primeros I 500 años de existencia, el budismo se expandió rápidamente y Birmania (actualmente Myanmar), Sri Lanka, Tailandia, China, Japón y Corea adoptaron esta religión. Posteriormente, atravesó un periodo de calma hasta principios del siglo XX. El budismo ha revivido y crece en muchos lugares.

Budismo en el Oriente

Durante el siglo XX diversos países budistas cayeron bajo el control del comunismo que suprimió la religión. En el Tíbet existían 6000 monasterios antes de que los chinos lo invadieran en la década de los cincuenta, pero muchos de ellos han sido destruidos desde entonces. Se cree que aproximadamente 100000 budistas tibetanos escaparon a India; en el Tíbet el budismo sigue luchando por existir. Mongolia cayó bajo el régimen comunista en 1924 y durante más de 60 años los budistas

novicios no se han podido entrenar para ser monjes.

Casi todos los templos budistas en China fueron cerrados o destruidos durante

BUDISMO EN EL OESTE

El budismo se ha esparcido rápidamente en los últimos 30 años por los países occidentales, gracias al incremento del turismo mundial hacia zonas budistas. La práctica de la meditación theravada y zen, así como el budismo tibetano ha sido una atractiva alternativa frente al materialismo. Han surgido nuevas órdenes como la Orden de los Amigos de los Budistas Occidentales, que adapta las enseñanzas budistas tradicionales a Occidente. De acuerdo con el directorio budista, hay más de 270 grupos y centros budistas en el Reino Unido e Irlanda que ofrecen instrucción en meditación y en el estilo de vida budista.

El budismo prospera en sus áreas tradicionales, se recupera de la persecución en Tibet y Mongolia, y se esparce más allá de Asia. La demanda de imágenes de Buda es un buen negocio.

la Revolución Cultural (1966-1976). En 1977, sin embargo, se reabrieron los templos y desde 1980 se permitió reanudar la capacitación de monjes. El budismo está creciendo en China, especialmente al norte del país y sigue ganando seguidores entre los jóvenes que son atraídos por su filosofía.

En otras partes, el budismo florece. En Sri Lanka el budismo es la fe mayoritaria del pueblo, mientras que en Tailandia y en Bután es la religión oficial. Indonesia, Singapur y Corea del Sur están incursionando en la doctrina, mientras que en India la minoría budista se expande. Varios millones de hindúes "intocables" se han convertido al budismo.

Los cristianos creen que Jesucristo es tanto hijo de Dios como hijo del hombre; totalmente divino, totalmente humano y libre de pecado. Jesús nació en Palestina hace 2 000 años, viajó para predicar y sanar a los enfermos, fue crucificado por instrucciones del gobernador romano y resucitó poco tiempo después. Por la muerte y resurrección de Cristo, Dios ha perdonado los pecados y es posible acceder a la vida eterna junto a él. La mayoría de los cristianos expresa su fe al compartir la comunión con cierta regularidad.

En la actualidad el cristianismo es la religión más grande del mundo con aproximadamente 2 000 millones de seguidores, aunque se dividen en más de 20 000 iglesias diferentes. La mayor

La cruz es el símbolo más evocador del cristianismo. Jesucristo murió en una cruz hace 2000 años, pero volvió a la vida.

es la Iglesia Católica Romana, con 1 200 millones de personas, seguida por las iglesias protestantes, con 360 millones, y la iglesia ortodoxa, con 170 millones de seguidores. La mayor de las iglesias protestantes es la anglicana, con 80 millones de fieles.

La religión cristiana no sólo registra milagros desde sus inicios, aun en nuestros días ninguna persona razonable que no haya vivido uno, puede creer en ellos. La razón por sí sola no es suficiente para convencernos de su veracidad; y quien quiera que, movido por la fe, acepte los milagros, está consciente de un milagro continuo en su propio entendimiento.

DAVID HUME (1711-76) FILÓSOFO ESCOCÉS

CRISTIANISMO

Contenido

¿Quién es Jesús?   88
El ministerio de Jesús   90
Muerte y resurrección   92
La primera Iglesia   94
Una Iglesia – muchas iglesias   96
La Biblia   98
Creencias   100
Sacramentos   102
Edificios de las iglesias   104
Comunión   106
Bautismo   108
Muerte y vida eterna   110
Veneración y oración   112
Festivales   114
La vida monástica   116
El cristianismo en la actualidad   118

¿Quién es Jesús?

Cuando nació Jesús, alrededor del año 4 a.e.c., los judíos habían esperado durante siglos al mecías profetizado por las escrituras. Sin embargo, Jesús se negaba a aceptar el título por las connotaciones que tenía. El reino que vino a construir era espiritual, no político —un reino cimentado en los corazones de la gente.

Después de que Jesús ascendió al cielo, sus seguidores comenzaron a predicar que él era el Mesías que los liberaría. Ello precipitó un rompimiento final entre el judaísmo y el cristianismo porque los judíos rechazaban dicha afirmación, en tanto que los primeros cristianos la colocaban al centro de sus predicaciones, incluso tomaron la palabra griega que equivale a "Mesías" —christus, que significa "ungido por Dios"— y la convirtieron en sobrenombre de Jesús.

¿Por qué estaban tan seguros de que Jesús era el esperado Mesías? El tiempo que pasaron junto a él los convenció: alimentaba a grades multitudes en forma milagrosa, exorcizaba demonios, perdonaba pecados y anunciaba la venida del reino de Dios. Esto era el tipo de cosas que se esperaba que hiciera el divino Mesías.

¿Y ustedes, quien dicen que soy yo? Simón contestó: "Tú eres el Cristo, el hijo del Dios vivo." Jesús le respondió: "Feliz eres, Simón Bar-jona, porque no te lo enseñó la carne ni la sangre, sino mi Padre que está en los cielos".

MATEO 16:15-17

El hijo de Dios, el hijo del hombre

Los primeros cristianos a menudo llamaban "Hijo de Dios" a Jesús, aunque la frase aparece pocas veces en los Evangelios. Este título resalta la relación única que disfrutaba Jesús con Dios —que comparaba mejor con la relación entre un padre y un hijo. Jesús sorprendió a sus discípulos por llamar "Abba" a Dios, un término que sugería una relación estrecha.

Por su parte, Jesús prefería llamarse "hijo del hombre". Ésta era una frase conocida para quienes le escuchaban puesto que se utilizaba comúnmente en las escrituras judías, donde por lo general se refería a la "humanidad", pero también podía denotar una figura de gran autoridad espiritual que, al final del tiempo, recibiría un reino inmortal de Dios para gobernarlo.

Si agrupamos estos términos, logramos una idea de cómo se consideraba Jesús a sí mismo. Como Mesías vino a liberar al pueblo del pecado; como hijo de Dios disfrutó de una relación única con Dios y, más aún, como hijo del hombre, se identificó con todos los seres humanos.

En la época de Jesús, los judíos piadosos habían estado esperando la llegada del Mesías —el mensajero especial de Dios— durante siglos. Esperaban que los liberara del yugo de la subordinación a Roma, pero pocos estaban preparados para un Mesías que, por medio de su muerte, liberara a toda la gente de su esclavitud ante el pecado. *Christ en Croix* (Cristo en la Cruz) por George Roualt (1871-1958).

El ministerio de Jesús

Aunque Jesús no era un rabino sus seguidores así lo
consideraban —enseñaba con más autoridad que los
maestros judíos contemporáneos. Los milagros que
hizo Jesús fueron una parte central de su ministerio, lo
que demostró a la gente que el mismo Dios estaba
trabajando entre ellos.

Los milagros de
Jesús captaron la
atención y
demostraron que
Dios intervenía
por medio de él.
*Jesús abre los
ojos a un
hombre ciego*
de Duccio di
Buoninsegna
(c. 1255-c. 1318)

Al comienzo de su
ministerio, Jesús enseñó en
las sinagogas judías, como podía

hacerlo cualquier judío. Cuando
esto ya no fue posible por la
oposición en su contra, enseñó

a sus discípulos y a la gente, al aire libre o en las casas de sus amigos. La gente le hacía preguntas acerca de la ley judía y él les instruía en temas tales como el pago de impuestos a Roma, el adulterio, el matrimonio, el divorcio, el amor y el perdón. Al buscar su ayuda en la interpretación de la ley, la gente lo trataba como rabino.

Jesús a menudo respondía con parábolas —relatos tomados de la vida cotidiana que llevan un mensaje espiritual. Los libros sagrados judíos estaban llenos de estos relatos. Casi todas las parábolas de Jesús estaban diseñadas para que la gente supiera que él había traído el reino de Dios y para mostrarles cómo entrar en él.

> El plazo ha llegado, el reino de Dios está aquí, tomen otro camino y crean en el Evangelio.
> MARCOS 1:15

Los milagros de Jesús
En un sermón que predicó en la sinagoga de Nazaret, Jesús repitió a quienes le escuchaban lo que el profeta Isaías había dicho acerca del Mesías: "traerá buenas nuevas a los pobres… libertad a los cautivos y devolverá la vista a los ciegos". La característica más notable del ministerio de Jesús en los Evangelios es que hacía milagros. Con frecuencia vemos a un Jesús que tenía el poder de curar a los enfermos, exorcizar espíritus malignos, alimentar a los hambrientos, calmar los agitados elementos de la naturaleza y resucitar a los muertos. Los Evangelios muestran que a Jesús le movían las necesidades de la gente y que respondía a la fe que le tenían.

Los Evangelios de Mateo, Marcos y Lucas contienen alrededor de 40 diferentes parábolas de Jesús; una de las más conocidas es la de "El buen samaritano". El Evangelio de Juan no tiene parábolas, pero incluye afirmaciones de Jesús en primera persona, por ejemplo, "yo soy el pan de la vida".

TRADICIÓN ORAL
La única información real acerca de Jesús viene de los cuatro Evangelios del Nuevo Testamento de la Biblia, sin embargo, el primero de ellos, el de Marcos, no se escribió sino hasta 35 años después de su muerte. Durante el periodo intermedio, los recuerdos de sus acciones y enseñanzas se transmitieron en forma oral. La tradición oral también tuvo un lugar importante en la historia judía y de este modo se mantuvieron vivas por siglos las enseñanzas de todos los profetas y líderes.

Muerte y resurrección

La muerte y resurrección de Jesús es la base de la fe cristiana. Los cristianos creen que sus pecados han sido perdonados por la muerte de Cristo, mientras que su resurrección les asegura que la muerte no es el fin.

Los Evangelios de Mateo, Marcos y Lucas dejan claro que la oposición a Jesús y a su doctrina empezó casi al mismo tiempo que sus prédicas públicas. Los gobernantes romanos sospechaban que incitaba al pueblo a la rebelión, en tanto que los líderes religiosos consideraban que sus acciones eran blasfemas y creían que animaba a la gente a violar la ley judía. Sin embargo, muchas personas lo apoyaron hasta el final.

La muerte de Jesús

En la noche anterior a su muerte, Jesús se reunió con sus discípulos en Jerusalén para celebrar la Pascua judía. Durante la comida, Jesús usó el pan y el vino para enseñar el significado de su inminente muerte. Esta comida —la Última Cena— la han conmemorado los cristianos desde entonces por medio de la celebración regular de la comunión.

Al concluir la cena, Jesús salió de la ciudad e hizo oración a Dios. Poco tiempo después fue arrestado y llevado ante el sumo sacerdote, el consejo judío (el Sanedrín) y Poncio Pilato, el gobernador romano. Sólo Pilato podía autorizar la sentencia de muerte; tras la intensa presión de la multitud, lo hizo.

Jesús fue crucificado —clavado en una cruz hasta que murió por asfixia— a las afueras de Jerusalén, un acontecimiento que los cristianos de todo el mundo recuerdan en Viernes Santo. Un seguidor secreto de Jesús, José de Arimatea, solicitó su cadáver y lo puso en su tumba.

Los Evangelios registran las últimas siete palabras de Jesús en la cruz. Estas afirmaciones desempeñan un papel principal en la devoción de los cristianos durante el Viernes Santo.

> ...que por nosotros, los hombres, y por nuestra salvación bajó del Cielo, y por obra del Espíritu Santo se encarnó de María, la Virgen, y se hizo hombre; y por nuestra causa fue crucificado en tiempos de Poncio Pilato; padeció y fue sepultado, y resucitó al tercer día, según las Escrituras...
>
> CREDO NICENO

hacer ningún trabajo. Cuando llegaron las mujeres a la tumba, encontraron la piedra de la entrada movida y la tumba vacía. Un ángel les dijo que Jesús había resucitado. El mismo día Jesús se apareció entre sus discípulos y, tiempo después, dos veces más. En las semanas siguientes la noticia de que Jesús estaba vivo se extendió.

Sus discípulos empezaron a comprender la verdad acerca de la resurrección de Jesús lentamente. De manera gradual, llegaron a entender que Jesús era una nueva clase de Mesías —no un rey terrenal, sino un gobernador celestial. Cuarenta días después, los discípulos presenciaron cómo Jesús subió a los Cielos, un acontecimiento que algunos cristianos celebran como el Día de la Ascensión. Antes de abandonar la Tierra, Jesús prometió a sus discípulos que les enviaría consuelo o ayuda —el Espíritu Santo— que siempre estaría con ellos.

◄La crucifixión era una práctica cruel. La resurrección de Jesús pasó de terrible derrota a gloriosa victoria sobre el pecado y la muerte. Esta escultura está en una iglesia de Bristol, Inglaterra.

La resurrección de Jesús

Tres días después, tres mujeres visitaron la tumba para embalsamar el cuerpo de Jesús. Esta tarea se hacía inmediatamente después de la muerte, pero Jesús había muerto muy cerca del Shabat judío, durante el cual no se permite

93

La primera Iglesia

Lucas concluye su Evangelio con la promesa de Jesús de enviar su Espíritu Santo a los discípulos antes de partir. Comienza el segundo libro, los Hechos de los Apóstoles, con la misma promesa, seguida de la Ascensión de Jesús al Cielo. Continúa describiendo el nacimiento de la Iglesia cristiana durante el festival judío de Pentecostés.

De todo el imperio romano llegaron los judíos hasta Jerusalén para celebrar el festival de Pentecostés, que conmemoraba el día en que Dios dio la Torá a Moisés en el monte Sinaí.

El Día de Pentecostés
Durante las semanas anteriores, los discípulos se habían congregado en Jerusalén con la esperanza de no sufrir el mismo destino que Jesús. En ese periodo recordaron la promesa de Jesús de que recibirían el poder de Dios cuando llegara el Espíritu Santo y que llevarían su mensaje por todo Jerusalén, Judea, Samaria y más lejos. Lucas proporciona dos elementos de información descriptiva en su relato:

◆ Los discípulos escucharon el sonido, como de un poderoso viento que venía del cielo.
◆ Los discípulos vieron lo que parecían flamas sobre cada uno de ellos.

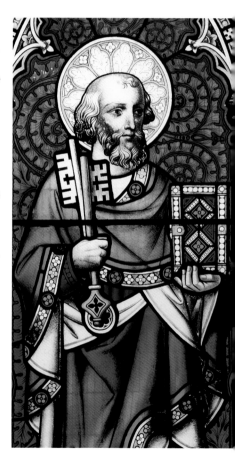

> *Pedro les contestó: "conviértanse y háganse bautizar cada uno de ustedes en el nombre de Jesucristo, para que sus pecados sean perdonados. Y Dios les dará el Espíritu Santo; porque la promesa es para ustedes y para sus hijos y para todos los extranjeros a los que el Señor llame."*
>
> HECHOS DE LOS APÓSTOLES 2:38-39

Así nació la Iglesia cristiana el día de Pentecostés. Los cristianos de todo el mundo celebran cada año el festival de Pentecostés.

El sermón de Pedro

Durante el ministerio de Jesús y los días que siguieron a su muerte, Pedro había sido el principal vocero de los discípulos. Después de que los discípulos recibieron el Espíritu Santo, Pedro dio un sermón al pueblo de Jerusalén en el que

> *Estoy seguro de que ni la muerte, ni la vida, ni los ángeles, ni los poderes espirituales, ni el presente, ni el futuro, ni las fuerzas del universo, sean de los cielos, sean de los abismos, ni criatura alguna, podrá apartarnos del amor de Dios, que encontramos en Cristo Jesús, nuestro Señor.*
>
> ROMANOS 8:38-39

Con la predicación de Pedro, después de la efusión del Espíritu Santo el día de Pentecostés, 3000 personas respondieron y nació la Iglesia cristiana. Pedro representado en un vitral mientras sostiene las llaves del Cielo y del infierno.

indicó cuatro puntos importantes acerca de Jesús:

◆ Jesús era el Mesías.
◆ El Mesías había sido crucificado y resucitó.
◆ Dios ya había dado a Jesús el más alto lugar en el Cielo.
◆ Dios perdona a todos los que se arrepienten de sus pecados y creen en Jesús.

Estas cuatro creencias se convirtieron en el corazón de la predicación y el mensaje de la iglesia.

Tiempos difíciles en el futuro

El compromiso de la primera Iglesia con los judíos y gentiles por igual; fue principalmente gracias al trabajo del apóstol Pablo. Entre los años 45 y 65 e.c. llevó el mensaje cristiano a Asia Menor, Grecia y finalmente a Roma. Enseñó que todos podían encontrar la salvación en tanto creyeran en el Evangelio —las buenas nuevas— a causa de la muerte y resurrección de Jesús. Pablo también escribió muchas cartas para enseñar y animar a las iglesias que fundó. Estas cartas circularon y fueron atesoradas.

Una Iglesia – muchas iglesias

La Iglesia se dividió con la caída del imperio romano,
si no es que siempre estuvo dividida. Sin embargo,
al perder su base romana de poder en Occidente,
el poder al interior de la Iglesia se mudó al Oriente.

Un consejo de obispos que se reunió en Calcedonia en 451 e.c. adoptó una resolución que muchos en el Oriente no pudieron aceptar y la Iglesia comenzó a mostrar los primeros signos de división al formarse la Iglesia Ortodoxa del Oriente. Sin embargo, no fue sino hasta 1054 que la división entre el Oriente y Occidente fue definitiva, con el consiguiente rompimiento de todos los nexos entre la Iglesia Ortodoxa y la Iglesia Católica Romana. Existieron tres puntos principales de desacuerdo:

◆ La afirmación de que el papa en Roma tenía la suprema autoridad sobre toda la Iglesia.
◆ El deseo de Roma de ser reconocida como líder de la Iglesia en el mundo.
◆ Un cambio que hizo Roma al credo que los cristianos del Oriente consideraban inviolable.

La Reforma

En los siglos siguientes, se acumuló la inconformidad al interior de la Iglesia Católica Romana y el asunto llegó a un punto decisivo en 1517 cuando Martin Lutero, un monje alemán, colocó una lista de 95 tesis (quejas) en contra de la Iglesia Católica en la puerta de su iglesia en Wittenburg, Alemania. Lutero argumentó que la autoridad de la Biblia era mucho más importante que la del papa o la Iglesia y que la salvación sólo podía llegar por la fe y no por las buenas obras como se enseñaba. Su protesta llevó al inicio de la Reforma y al nacimiento de la Iglesia Protestante.

La Reforma apuntaba a corregir los abusos de la Iglesia Católica Romana, pero terminó con su división. Sus principales líderes eran Huldreich Zwinglio y Juan Calvino en Suiza y Martín Lutero en Alemania. De inmediato la Reforma se extendió a Holanda, Francia, Hungría, Inglaterra y Escocia; llegó a los Estados Unidos en el siglo XVII.

En la actualidad la Iglesia cristiana está increíblemente fragmentada. Se cree que existen más de 22 500 iglesias y denominaciones reconocidas.

En 1504 el cristianismo se dividió en la Iglesia Católica de Occidente, con base en Roma, y la Iglesia Ortodoxa de Oriente, con base en Constantinopla. Los cristianos orientales se negaron a aceptar que el papa y la Iglesia Católica tenían supremacía en el mundo. La catedral de San Pedro en el Vaticano, Roma, Italia.

Iglesias de la Reforma

De inmediato la Iglesia de Inglaterra comenzó a resquebrajarse y surgieron las iglesias reformadas (las que no aceptaban las enseñanzas de la Iglesia de Inglaterra). A principios del siglo XVII se formó La Iglesia Bautista, cuya creencia principal es que los cristianos se deben bautizar en la edad adulta y no siendo niños. Los Cuáqueros, convencidos de que la no violencia es la única y verdadera senda cristiana, surgieron en la década de los cincuenta. La Iglesia Metodista, basada en las enseñanzas del clérigo anglicano John Wesley, se formó a finales del siglo XVIII. A finales del XIX el Ejército de Salvación tuvo un gran impacto con sus actividades orientadas hacia los pobres, los rechazados y los menesterosos. En la actualidad el Ejército de Salvación trabaja en 94 países y su influencia se siente en todo el mundo. Todas estas iglesias crecieron rápidamente. Las iglesias Bautista y Metodista llegaron a adquirir gran influencia en los Estados Unidos y así permanecen actualmente.

La Biblia

La Biblia es el libro sagrado de los cristianos, se usa tanto en la veneración en privado como en público; muchos creen que es de inspiración divina.
El contenido de la Biblia incluye historia, ley, profecías, poesía, sabiduría, cartas y evangelios.

La Biblia es una colección de libros que se divide en dos partes: el Antiguo Testamento y el Nuevo Testamento.

El Antiguo Testamento

Las escrituras judías tienen 24 libros, pero muchos se dividieron para formar los 39 libros del Antiguo Testamento cristiano. A esta base se agregaron 27 libros del Nuevo Testamento, una colección de origen cristiano. Los primeros cristianos consideraban a las escrituras judías como su Biblia y cuando el apóstol Pablo escribió que "todas las escrituras están inspiradas por Dios" se refería a esto.

Jesús dio más importancia a los primeros cinco libros del Antiguo Testamento, la Torá; pero a los cristianos les interesaban los temas del Antiguo Testamento. Según ellos, se cumplían con Jesús y en la primera iglesia, el nuevo Israel,

La Biblia, ya sea en su totalidad o en partes, ha sido traducida a 2261 idiomas. La Biblia completa está disponible en 383 idiomas. La Biblia se usa en todo tipo de escenario, desde la liturgia de la catedral hasta su estudio individual o en grupo en el hogar.

que continuaba su obra. Les preocupaba demostrar que lo que creían sobre el Mesías, estaba arraigado en el Antiguo Testamento. En el Evangelio de Mateo se usa con frecuencia la frase "para que las escrituras se cumplan".

El Nuevo Testamento

Contiene 27 libros en total: cuatro Evangelios, los Hechos de los Apóstoles, 21 cartas o epístolas (13 llevan el nombre de Pablo) y el Libro de las Revelaciones. La mayoría de estos

En la Edad Media, en Europa, las copias de la Biblia bellamente inscritas e ilustradas eran muy valoradas. Una de esas copias podía costar tanto como una pequeña granja.

> *Tú quédate con lo que has aprendido y que te ha sido confiado, sabiendo de quiénes lo recibiste. Además, desde tu niñez reconoces las Sagradas Escrituras. Ellas te darán la sabiduría que lleva a la salvación mediante la fe en Cristo Jesús. Todos los textos de la Escritura son inspirados por Dios y son útiles para enseñar, para rebatir, para corregir, para guiar en el bien.*
>
> 2 TIMOTEO 3:14-16

libros se escribió una o dos generaciones después de la muerte de Jesús.

◆ Tres de los cuatro Evangelios presentan una imagen similar de Jesús y su material es parecido. Se les conoce como los Evangelios Sinópticos —Mateo, Marcos y Lucas— y se escribieron entre los años 65 y 80 e.c. El Evangelio de Juan se escribió posteriormente.

◆ Los Hechos de los Apóstoles, escritos por Lucas, son un registro de la primera Iglesia a partir de la ascensión de Jesús hasta la muerte de Pablo.

◆ No sabemos cuántas epístolas del Nuevo Testamento escribió Pablo, no escribió todas las que tradicionalmente llevan su nombre. Juan y Pedro, como fundadores de la Iglesia, escribieron cartas que se incluyen en el Nuevo Testamento.

◆ El Libro de las Revelaciones registra las visiones de Juan sobre la autoridad que Dios dio a Jesús en el Cielo y la Tierra. Es distinto a los demás libros del Nuevo Testamento.

Creencias

†

Determinan cómo los seres humanos se acercan a Dios y conducen su vida espiritual.

Los credos son afirmaciones cristianas de fe. Los cristianos han compuesto varios en los últimos 2000 años, aunque sólo dos —el credo de los apóstoles y el credo niceno— se han usado comúnmente en la veneración a Dios. Estos dos credos se formularon en los primeros siglos de la fe cristiana y las iglesias Católica Romana, Ortodoxa y Anglicana los utilizan en algunas ceremonias religiosas.

Dogmas de fe

A lo largo de varios siglos han surgido aspectos sobresalientes de la fe cristiana:

◆ La Trinidad es la presencia de Dios en tres personas que son una sola —Dios Padre, Dios Hijo y Dios Espíritu Santo. La creencia en la Trinidad gira alrededor de la fe cristiana y está implícita tanto en el credo de los apóstoles como en el niceno.
◆ La encarnación se refiere al nacimiento de Dios en carne humana como Jesús y enfatiza que Jesús fue totalmente Dios y totalmente humano.

◆ La expiación es la reconciliación entre Dios y la gente que se logra con la muerte y resurrección de Jesús, quien es el ejemplo supremo de autosacrificio —la mayor ofrenda a Dios para que los pecados del mundo puedan ser perdonados. Todo lo logrado con la muerte de Jesús está sellado con la resurrección.
◆ El Espíritu Santo es un miembro de la Trinidad y del poder de Dios. Muchos cristianos creen que el Espíritu Santo inspiró las escrituras y que aún habla a través de ellas.

Creo en Dios, Padre todopoderoso, creador del Cielo y de la Tierra. Creo en Jesucristo, su único Hijo, nuestro Señor, que fue concebido por obra y gracia del Espíritu Santo, nació de santa María Virgen, padeció bajo el poder de Poncio Pilato, fue crucificado, muerto y sepultado, descendió a los infiernos, al tercer día resucitó de entre los muertos, subió a los Cielos y está sentado a la derecha de Dios, Padre todopoderoso. Desde allí ha de venir a juzgar a vivos y muertos. Creo en el Espíritu Santo, la santa Iglesia Católica, la comunión de los santos, el perdón de los pecados, la resurrección de la carne y la vida eterna. Amén.

CREDO DE LOS APÓSTOLES

Ayuda a la gente a rezar e inspira a aquellos que buscan construir el reino de Dios en la tierra.

◆ Muchos cristianos sostienen que la Biblia es una obra de inspiración divina, no tiene errores y sí autoridad en los temas de la vida y el comportamiento. Para otros, la Biblia es una guía que establece los principios para la vida cristiana.

◆ Para los cristianos católicos y ortodoxos la Virgen María tiene un estatus superior por el hecho de ser la madre de Jesús. Creen que concibió a Jesús en forma sobrenatural a través del Espíritu Santo, conservó su virginidad hasta el final de la vida, entró al Cielo sin experimentar la muerte y está tan cerca de Dios que puede interceder por aquellos que todavía están en la Tierra. Los protestantes creen que María fue el vehículo que Dios escogió para que naciera Jesús, sólo eso.

La muerte de Jesús como sacrificio por el pecado de los seres humanos es un elemento central de todos los credos. *Crucifixión* de un libro francés de horas, París, 1407.

Sacramentos

Los sacramentos constituyen el centro de la veneración en las iglesias Católica Romana y Ortodoxa, así como para muchos cristianos de las tradiciones anglicana y episcopal. Sin embargo, tienen menor importancia en las iglesias reformadas.

Los sacramentos son ceremonias o rituales que se remontan al ministerio de Jesús o a la veneración de los primeros cristianos. Hacen tangibles los misterios de la encarnación, muerte y resurrección de Cristo a los fieles por medio de un elemento material —como el pan, el vino, el agua o el aceite— para transmitir una bendición espiritual.

La comunión es el "alimento" de pan y vino por el que los cristianos recuerdan y comparten la muerte de Jesús en la cruz. Las ceremonias religiosas de la comunión tienen varios nombres: los católico-romanos la llaman misa; los cristianos ortodoxos la llaman liturgia divina; los bautistas la llaman la cena del Señor y los anglicanos la llaman la eucaristía.

P: ¿Qué significa la palabra sacramento?
R: Me refiero a un signo material y visible de una gracia interior y espiritual.
LIBRO ANGLICANO
DE ORACIÓN COMÚN.

El pan y el vino, símbolos de la muerte de Jesús, usados en la comunión.

Sacramentos de las iglesias Católica Romana y Ortodoxa

Los fieles de las iglesias Católica Romana y Ortodoxa

solamente bautizan a adultos creyentes.

◆ Confirmación es el acto por el cual la integración a la iglesia queda sellada.

◆ La penitencia es la confesión y el perdón (absolución) de los pecados.

◆ La extremaunción es el ungimiento con aceite a los enfermos. En la Iglesia Católica Romana los últimos ritos se administran a los moribundos y con ello se concluye el *viaticum* —la última vez que toman la comunión.

◆ El ordenamiento sagrado describe el estatus de diáconos, sacerdotes u obispos que pueden servir a la Iglesia y administrar los sacramentos.

◆ El matrimonio, en la tradición católica romana incluye la comunión (misa nupcial) en la que, excepcionalmente, el hombre y la mujer son quienes se dan mutuamente los elementos del pan y el vino.

El matrimonio cristiano se considera una sociedad tripartita que involucra al esposo, la esposa y a Dios.

celebran siete sacramentos, o misterios, la Iglesia Ortodoxa prefiere llamarlos:

◆ Comunión, alimentarse de pan y vino, es parte de la misa en la iglesia católica y de la liturgia en la iglesia ortodoxa.

◆ Bautismo es la ceremonia de iniciación para pertenecer a la iglesia y simboliza la purificación de una persona del pecado. Muchas iglesias bautizan infantes, aunque los bautistas, entre otros,

La mayoría de iglesias protestantes reconocen y celebran los sacramentos de la Comunión y el Bautismo —aunque los Cuáqueros y el Ejército de Salvación no celebran ningún sacramento. Otros tienen ceremonias de confirmación, matrimonio y ordenamiento, pero no los consideran sacramentos.

Edificios de las iglesias

Al correr de los siglos algunos cristianos han usado el tamaño y los acabados de sus lugares de veneración para expresar su creencia en la grandeza de Dios. Otros, en cambio, han mantenido iglesias y capillas austeras y pequeñas para mostrar que la sencillez es la clave de la verdadera veneración.

Diferentes iglesias cristianas adoran a Dios según el modo como se refleja en sus lugares de veneración. Sin embargo, existen características que la mayoría tiene en común.

El altar

Los altares están presentes en las iglesias ortodoxas, católico-romanas y anglicanas. En otras iglesias, cuando el devoto mira hacia el altar también mira hacia el Oriente en dirección a la ciudad santa de Jerusalén, pero en iglesias más modernas el altar a menudo se encuentra en medio de la iglesia y la congregación lo rodea.

El altar representa la mesa en la que Jesús compartió la Última Cena con sus discípulos. Es el lugar desde el que se

El altar es el punto focal de veneración en las iglesias ortodoxas, católico-romanas, anglicanas y otras.

ofrece el pan y el vino durante la comunión.

El púlpito

Los púlpitos son plataformas desde las que se predica el sermón y son el punto central de las iglesias bautista, luterana, metodista y pentecostés. Esto destaca la predicación de la Biblia más que la celebración de los sacramentos.

Los vitrales

Las ventanas decoradas con secciones de vidrio de colores representan temas bíblicos en innumerables iglesias antiguas. En el pasado, se usaban como apoyo para enseñar los relatos de la Biblia a las congregaciones mayoritariamente analfabetas.

La pila bautismal

Las pilas bautismales contienen el agua que se usa para el bautismo y se encuentran en las iglesias que ofrecen este sacramento a los niños. En la mayoría de las iglesias, la pila bautismal se localiza cerca de la entrada para mostrar que el bautismo es la "puerta" por la que el niño se vuelve miembro de la Iglesia. Sin embargo, en algunas iglesias la pila bautismal es portátil y se coloca en medio de la congregación, para mostrar cómo el bautismo introduce a un bebé en la "familia" de la iglesia.

El confesionario

En iglesias católico-romanas antiguas, el confesionario era un cubículo de madera con una malla en medio que separaba al sacerdote del penitente —la persona que se confiesa. Sin embargo, desde el Segundo Concilio Vaticano de la Iglesia Católica Romana (1962-65), se ha animado al sacerdote y el penitente para que hablen frente a frente cuando participan del sacramento de la reconciliación, como se llama a la confesión.

En diversos lugares, la iglesia no es sólo un lugar de veneración, es un centro que se usa para el beneficio de toda la comunidad. Diferentes denominaciones a menudo se unen y realizan actividades conjuntas.

La pila bautismal, donde se bautiza a los bebés, se encuentra cerca de la puerta de una iglesia, como recordatorio de que el bautismo es el medio de ingresar a la familia de Dios.

En 1989 había 38 607 iglesias de todas las denominaciones en Inglaterra. Hacia 1998 la cifra era de 37 717. Durante ese periodo se abrieron 1 867 nuevos edificios y 2 667 cerraron, dando como resultado una pérdida neta de 800 iglesias en ese periodo.

Comunión

Con base en la última comida que Jesús compartió con sus discípulos, la comunión se menciona por primera vez en una de las cartas de San Pablo. Siempre ha sido el acto central de veneración para la mayoría de cristianos.

El festival judío de la Pascua celebra el momento en que Dios salvó a los israelitas de la esclavitud egipcia e hizo una alianza con ellos. Los cristianos creen que, con la muerte y resurrección de Jesús, Dios hizo una nueva alianza con su "nuevo Israel" —la Iglesia. Jesús fue un sacrificio perfecto ofrecido de una vez y para siempre por los pecados del mundo, dicho acontecimiento se celebra durante la Comunión.

Durante la Última Cena con sus apóstoles, Jesús habló del pan como su cuerpo, lo partió por la humanidad, y el vino como su sangre, que derramó por nosotros.

Celebración de la comunión

Los católico-romanos llaman a su ceremonia de la comunión "misa", por las últimas palabras de la antigua ceremonia en latín, *Ite, messa est* —"Vayan, son enviados en una misión". La celebración diaria de la misa incluye la confesión de los pecados; la Liturgia de la palabra, que contiene tres lecturas de la Biblia, un sermón, u homilía, el credo niceno y la Liturgia de la Eucaristía. En la Liturgia de la Eucaristía el sacerdote consagra el pan, u hostia, y el vino; eleva la hostia a Dios y la ofrece a todos los devotos. En algunos países sólo se ofrece la hostia a la gente, mientras que en otros el sacerdote les da el pan y el vino.

Transubstanciación

En términos generales, hay dos formas diferentes de entender la comunión.

Los católico-romanos creen que el pan y el vino se transforman en el verdadero cuerpo y sangre de Jesús después de que son consagrados. A esto se le conoce como transubstanciación. Esta creencia la comparten los cristianos anglicanos y ortodoxos.

Los cristianos reformistas toman al pan y al vino como símbolos que les ayudan a recordar y estar agradecidos por la muerte de Jesús por sus pecados.

La comunión se encuentra al centro de la veneración para la mayoría de los cristianos. En esta fotografía, un comulgante recibe el vino.

Durante los primeros siglos de la Iglesia cristiana, la comunión se celebró antes del amanecer el día del Señor (ahora domingo). Esto se debía en parte a que era la hora más segura para que los cristianos estuvieran fuera, porque muchos de ellos eran esclavos, y porque la primera persona que vio a Cristo resucitado lo hizo mientras estaba oscuro.

Existe una estrecha similitud entre las palabras que se usan en la misa católica y en la comunión protestante, en las que el sacramento se ofrece generalmente cada domingo y al menos una vez durante la semana.

En las iglesias reformadas, sin embargo, la Cena del Señor se ofrece dos veces al mes y en días especiales como Jueves Santo. En esos días la ceremonia la conduce un ministro que permanece de pie detrás de la mesa de la comunión junto con dos líderes laicos de la congregación. El pan se encuentra partido en pedazos y el vino en pequeños vasos que los miembros de la congregación comen y beben. Las personas

El Señor Jesús, la noche en que fue entregado, tomó el pan, y después de dar gracias lo partió diciendo: "Esto es mi cuerpo que es entregado por ustedes: hagan esto en memoria mía".
1 CORINTIOS 11:23-25

generalmente comen el pan en el momento de recibirlo para simbolizar su respuesta personal a Cristo, pero beben juntos el vino para mostrar su unidad espiritual.

Bautismo

El sacramento del bautismo es uno de los primeros rituales cristianos. El bautismo de los adultos por inmersión total era el rito de la admisión a la comunidad cristiana hasta el siglo IV, cuando la alta mortalidad infantil hizo que los padres cristianos solicitaran que sus bebés fueran bautizados.

El bautismo a los infantes es actualmente una norma de la mayoría de las iglesias católico-romanas, ortodoxas y protestantes, aunque otras denominaciones como los bautistas sólo lo dan a los adultos creyentes.

Bautismo de los infantes

Las ceremonias de bautismo de los católico-romanos y los anglicanos comparten ciertas características. La ceremonia a cargo de un sacerdote se celebra alrededor de una pila bautismal donde los padres y padrinos presentan al niño para ser bautizado. Prometen enseñarles a luchar contra el mal, a instruirlo en las enseñanzas de Jesucristo y a criarlo dentro de la familia de Dios, la Iglesia. El sacerdote vierte agua tres veces sobre el bebé en el nombre del Padre, del Hijo y del Espíritu Santo antes de hacer la señal de la cruz en su frente.

En la Iglesia Ortodoxa, el sacerdote bendice y sopla suavemente sobre el agua antes de ungir al bebé con el "aceite del regocijo". El bebé desnudo es colocado en la pila bautismal, mirando hacia el Oriente y se le

Un bebé es bautizado en una iglesia anglicana; después de rociar agua al bebé, el sacerdote hace el signo de la cruz sobre su frente. Los padres deciden bautizarlo en su representación.

Bautismo del devoto

Muchos cristianos creen que el bautismo de los infantes es inapropiado. Argumentan que la Iglesia es una comunidad de devotos que aceptan que Jesús murió por ellos y, después de haber resucitado de entre los muertos, vive en ellos a través del Espíritu Santo. Confiesan su fe antes de ser bautizados. La Iglesia Bautista enfatiza que todos los ejemplos de bautismo en el Nuevo Testamento involucran a devotos adultos.

El bautismo por sí mismo no lleva a cabo nada; simplemente se trata de un acto simbólico que indica una serie de cambios espirituales dentro del devoto. En el bautismo del adulto devoto existen tres elementos de simbolismo:

◆ Cuando la persona se sumerge en el agua muestra que está muriendo al pecado con Cristo.
◆ El breve periodo debajo del agua indica que es "sepultado en compañía de Cristo".
◆ Al salir del agua muestra que ha "resucitado con Cristo" y comienza una nueva vida espiritual.

El bautismo del devoto lo ofrecen muchas iglesias a los adultos que se acercan a su propia fe en Cristo. Sumergirse en el agua para después surgir de ella simboliza que la persona muere para sí misma y resucita como una nueva persona en Cristo.

sumerge tres veces en el agua. La ceremonia de la unción con el crisma se celebra inmediatamente después, cuando el bebé ya está vestido con ropa nueva. Esta ceremonia es equivalente a la confirmación de muchas iglesias.

Por ese tiempo, vino Jesús de Galilea al río Jordán, en busca de Juan para que lo bautizara. Pero Juan se oponía diciendo "yo soy el que necesita tu bautismo ¿y tú quieres que yo te bautice?". Jesús le respondió: "Deja que así sea por el momento; porque es necesario que así cumplamos lo ordenado por Dios". Entonces Juan aceptó. Una vez bautizado, Jesús salió del río.

MATEO 3:13-16

Muerte y vida eterna

La Iglesia Cristiana siempre ha mantenido firme su fe acerca de la vida después de la muerte. Con cada ceremonia funeraria existe la creencia de que la muerte no es el fin, sino el principio de la vida eterna.

Las creencias de lo que sucede después de la muerte se reflejan en las ceremonias funerarias de las diferentes denominaciones.

> *Yo soy la resurrección. El que cree en mí, aunque muera, vivirá. El que vive por la fe en mí, no morirá para siempre.*
>
> JUAN 11:25-26

Funerales católico-romanos

Los funerales católicos tradicionalmente incluyen oraciones en la casa de la persona fallecida con una vigilia toda la noche alrededor del ataúd. Por lo general, el ataúd se deja una noche en la iglesia, donde los dolientes se reúnen para hacer oración por el alma de la persona fallecida. El sacerdote se viste de blanco para la ceremonia religiosa, el color asociado con la muerte y la vida después de la muerte. Estos temas gemelos constituyen la base del funeral.

Aunque la muerte de un amigo o familiar es una ocasión triste, para los cristianos es el medio de entrar a una nueva e infinita relación con Cristo, libre de todo pecado y sufrimiento. Un ataúd abierto en una ceremonia funeraria en Samoa.

El sacerdote recibe el ataúd a la entrada de la iglesia, lo rocía con agua bendita y pronuncia palabras del evangelio de Juan. En las oraciones que siguen se expresa la esperanza de que la persona fallecida sea eternamente feliz y resucite para encontrarse con Cristo en el Día del Juicio Final. Los católico-romanos creen que, después de la muerte, el alma de la persona espera en el purgatorio, donde se purifica antes de entrar al Cielo —razón por la cual rezan por ella, con la esperanza de acortar el tiempo que permanece ahí.

Funerales protestantes

Cuando muere una persona, su alma es encomendada a Dios en una ceremonia breve que incluye himnos, oraciones, lectura de la Biblia y un panegírico. Cada parte de la ceremonia resalta la creencia de que una vez que muere un cristiano su alma va directamente a Dios en el Cielo. Esperan ávidamente el momento en que resucitará el fallecido y el reino de Cristo se establecerá en la Tierra.

Funerales ortodoxos

Una creencia fundamental del cristianismo ortodoxo es que no existe diferencia entre la vida y la muerte —todos son parte de la Iglesia eterna y mundial. De la misma forma que oramos por los que están vivos también debemos orar por los que han muerto. La Iglesia Ortodoxa busca eliminar el misterio y el miedo a la muerte.

Tan pronto como alguien muere, se lava el cuerpo, se le viste con ropa nueva y se le coloca en un ataúd abierto. Una banda de tela que contiene los iconos de Juan el Bautista, la Virgen María y Jesús se coloca sobre su frente y se le pone un icono en la mano. El cuerpo se cubre con una tela de lino para simbolizar la protección que ofrece Cristo a vivos y muertos. La tapa del ataúd se cierra al finalizar la ceremonia.

Todos los elementos de la ceremonia hacen recordar que la muerte es resultado directo del pecado que separa a Dios y la raza humana. Sin embargo, incluso en la tristeza hay esperanza verdadera, las velas encendidas y el incienso son parte central de la ceremonia. Las lecturas de la Biblia animan a esperar el momento en el que Cristo regrese a la Tierra y todos resuciten de la muerte.

> *Regocijémonos por la muerte de un difunto; nuestra pérdida es su ganancia infinita.*
> CHARLES WESLEY
> (1707-88)

Veneración y oración

La veneración intenta salvar la inevitable brecha entre
Dios y el creyente. Se ofrece con el conocimiento de
que Dios es superior al entendimiento humano. La
oración es fundamental en las ceremonias cristianas;
aunque la oración en privado es igualmente importante.
Dios es personal y, en privado, los cristianos se pueden
comunicar más estrechamente con él.

Existen dos patrones de
veneración en las iglesias
cristianas:

◆ El estilo litúrgico depende
principalmente de una forma fija
de veneración, o liturgia, que se
ha usado durante un largo

Varias iglesias
tienen grupos
que se reúnen
para orar
informalmente.

periodo. Los principales elementos de veneración en la Iglesia Ortodoxa Oriental se remontan al siglo IV.

◆ El estilo no litúrgico es el enfoque usado por la mayoría de las iglesias protestantes, que enfatizan la libertad de veneración —a través del canto de himnos, oraciones extemporáneas, lecturas de la Biblia y el sermón.

Oración

El Padre Nuestro es la oración común a los cristianos de todas las denominaciones y tradiciones. Jesús la transmitió a sus discípulos cuando le preguntaron cómo debían orar. La mayoría de las oraciones cristianas siguen este ejemplo e incluyen la alabanza a Dios, el arrepentimiento de los pecados y la búsqueda del perdón, una petición para que Diòs intervenga a favor de la persona que reza y por los necesitados, y el agradecimiento por las bendiciones recibidas. Rezar por los demás es básico en la oración cristiana y se le conoce como intercesión.

A diferencia de otras religiones, el Cristianismo no establece tiempos para hacer oración, aunque quienes siguen una disciplina monástica tienen una rutina. Los cristianos ordinarios tienen el hábito de empezar cada día con oraciones y lecturas de la Biblia así como el agradecimiento a Dios por su cuidado amoroso al finalizar el día.

Señor Jesucristo, hijo de Dios ten piedad de mí, soy un pecador.
LA ORACIÓN DE JESÚS

EL AVE MARÍA Y LA ORACIÓN DE JESÚS

El Ave María es una oración de alabanza a la Virgen María. La usan los católico-romanos y ortodoxos en formas ligeramente diferentes. Las oraciones a la Virgen María se ofrecen en las iglesias católico-romanas y en algunas anglicanas porque muchos cristianos creen que entró directamente al cielo al final de su vida, sin morir. Por su actual posición exaltada cerca de Dios, ella puede interceder ante él a favor de quienes necesitan su ayuda.

La oración de Jesús muy usada en la Iglesia ortodoxa, depende de la repetición del nombre de Jesús. La forma común de la oración data del siglo VI. Expresa alabanza y también confianza de que Jesús, el Hijo de Dios, liberará al devoto de todas las formas del pecado.

Festivales

Navidad, Pascua y Pentecostés son los sucesos más importantes del año cristiano.

Muchas iglesias siguen fielmente el año cristiano y basan su liturgia en tres ciclos: los ciclos de Navidad, Pascua y Pentecostés.

Adviento y Navidad

El año cristiano comienza con el Adviento, el cuarto domingo anterior a la Navidad. Esta estación de anticipación espiritual celebra la llegada al mundo de Jesús —así como la llegada de Juan el Bautista quien prepara al pueblo para la llegada de Jesús y la segunda venida de Jesús al final del tiempo. Algunas personas encienden velas de Adviento o usan calendarios de Adviento para contar los días que faltan para la Navidad —25 de diciembre en Occidente.

En Navidad, los cristianos se regocijan por la encarnación —el nacimiento de Jesús, el Hijo de Dios, en forma humana— lo que consideran el mayor regalo a la humanidad.

Es tradicional que las iglesias se decoren ampliamente durante esta época, a menudo incorpora un pesebre y la gente intercambia regalos y festeja.

Cuaresma y Semana Santa

La cuaresma es una estación de cuarenta días de arrepentimiento que culmina con la Pascua y representa el tiempo en que Jesús fue tentado en el desierto. Comienza con el Miércoles de Ceniza y termina con la Semana Santa.

La Semana Santa empieza con el Domingo de Ramos, cuando los cristianos recuerdan la entrada triunfal de Jesús en la ciudad de Jerusalén sobre un burro. Algunos devotos toman parte en una procesión para representar el acontecimiento.

El Jueves Santo, cuatro días después, se conmemoran el mandato de Jesús de amar al prójimo, así como humildad

Para los cristianos ortodoxos el Adviento es una estación de penitencia que dura cuarenta días. Algunas iglesias ortodoxas (principalmente las de Rusia, Georgia y Servia) celebran la Navidad el seis de enero, la antigua fecha del festival.

EPIFANÍA

Epifanía significa "manifestación" y es una fiesta que se celebra doce días después de la Navidad. En la Iglesia Oriental la Epifanía celebra el bautismo de Jesús; en la Occidental conmemora la visita de los Reyes Magos desde Persia al niño Jesús y simboliza la manifestación de Jesús al mundo.

> *Cuando llegaron al lugar que se llama Gólgota o Calvario, palabra que significa "calavera", le dieron a beber vino mezclado con hiel. Jesús lo probó pero no quiso beberlo. Ahí lo crucificaron, y después echaron suertes para repartirse la ropa de Jesús.*
>
> MATEO 27:33-35

que demostró al lavar los pies de sus discípulos y la Última Cena.

El día siguiente, el Viernes Santo, es el más solemne del año cristiano porque marca la muerte de Jesús. Muchas iglesias cubren o retiran los cuadros y estatuas como signo de respeto. Diferentes denominaciones se pueden unir en una marcha de testigos, mientras que otras toman parte en una vigilia desde el mediodía hasta las tres de la tarde para conmemorar las últimas tres horas de Jesús en la cruz.

Domingo de Pascua

El domingo de Pascua celebra la resurrección de Jesús a una vida nueva. A medianoche los devotos ortodoxos se distribuyen velas hasta que la luz inunda el edificio. Ceremonias similares se llevan a cabo el sábado por la tarde en las iglesias católicas y algunas anglicanas para terminar con la comunión. Otras iglesias hacen ceremonias al amanecer.

Pentecostés

Cuarenta días después de la Pascua, los cristianos celebran Pentecostés para recordar la venida del Espíritu Santo a los primeros cristianos en Jerusalén, en el día de Pentecostés. El movimiento carismático y el surgimiento de la Iglesia de Pentecostés demuestran que el Espíritu Santo es una parte muy importante en las vidas de los cristianos en la actualidad.

Las ceremonias de Pascua de las iglesias ortodoxas están impregnadas de rituales y tradiciones. Un obispo bendice a la multitud durante una celebración de la Pascua en Tobolsk, Siberia.

La vida monástica

Desde el siglo IV algunos cristianos han querido dedicarse a una vida de austeridad y oración. El movimiento monástico ha influido considerablemente a la Iglesia Cristiana.

Poco después del nacimiento de la Iglesia, muchas personas quisieron dedicarse totalmente a Dios y así fue como nació el movimiento monástico. Al igual que Jesús, se retiraron al desierto a orar. San Antonio de Egipto (251-356 e.c.) fue uno de los primeros y siguieron muchos otros. Al principio esas personas vivieron como ermitaños (San Antonio de Egipto pasó 20 años en total aislamiento) después se agruparon en comunidades monásticas. Un gran número de monjes se dirigieron al monte Atos, al norte de Grecia, donde aún existen alrededor de 20 monasterios.

"Anda, vende cuanto tienes y dáselo a los pobres, que así tendrás un tesoro en el cielo; ven luego y sígueme."
MARK 10:21

Los monjes de u
monasterio
ortodoxo griego
en el monte
Atos celebran
la Pascua.

La tradición monástica proporciona la oportunidad a quienes emprenden esta ruta de retirarse de las tensiones y distracciones de la vida terrenal y por lo tanto se concentran en construir su relación con Dios.

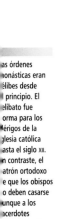

Las órdenes monásticas eran célibes desde el principio. El celibato fue norma para los clérigos de la Iglesia católica hasta el siglo XII. En contraste, el patrón ortodoxo de que los obispos no deben casarse aunque a los sacerdotes ordinarios se les permita, data de los primeros días de la iglesia.

Comunidades religiosas

San Benito (c. 480-c.550) se considera el padre del monacato occidental porque estableció las reglas que rigen la vida comunal de monasterios y conventos. Estas reglas estipulan que cada monje o monja debe aceptar:

◆ Una vida de pobreza. Las posesiones que los monjes o monjas llevan a la comunidad, al momento de su ingreso se utilizarán para el beneficio de todos.
◆ Una vida de castidad. Los miembros de una comunidad religiosa no deben mantener ninguna clase de relación sexual o fuertemente emocional. La Iglesia Católica Romana es la única que también pide a sus sacerdotes que sean célibes.
◆ Una vida de obediencia. Se espera que quienes entran a una orden religiosa vivan en

ÓRDENES APOSTÓLICAS Y CONTEMPLATIVAS

La mayoría de las órdenes religiosas son apostólicas, lo que significa que, aunque su modo de vida involucra un retiro del mundo, siguen trabajando fuera de su comunidad —como enfermeras, maestros, y en trabajo social, por ejemplo.

Otras órdenes religiosas son contemplativas con poco contacto, acaso ninguno, con el mundo exterior. Se da mucha importancia al silencio dentro de la comunidad y dedican el tiempo a la oración, la lectura de las sagradas escrituras y el estudio.

total obediencia a la voluntad de la comunidad y finalmente, de Dios. Esa voluntad la interpreta y expresa el líder de la comunidad —el abad o la madre superiora.

Desde el primer momento que se establecieron los monasterios y conventos, su propósito principal ha sido la oración comunitaria. Tradicionalmente, dicha oración se practicaba siete veces al día, pero en las comunidades modernas se ha reducido.

El cristianismo en la actualidad

La Iglesia cristiana ha estado dividida durante siglos y las ramas oriental y occidental operan en forma independiente. En algunas partes del mundo, la Iglesia se expande muy rápido, mientras que en otras se mantiene estática o va en declive.

De todas las religiones actuales, el cristianismo cuenta con la mayor cantidad de miembros y la más amplia cobertura geográfica, está dividida en más denominaciones y ramificaciones que todas las demás. A pesar de los débiles intentos en el siglo XX por volver a unir las principales iglesias, se conservan las divisiones oriental y occidental de la antigüedad. Las caras del cristianismo ortodoxo predominan en el Cercano Oriente y en Europa Oriental, mientras que el catolicismo y el protestantismo aumentan en el resto del mundo.

La Iglesia en el mundo

En el mundo, la Iglesia toma diversas formas como se ilustra a continuación:

◆ La asistencia a la iglesia en los Estados Unidos llega a 40 por ciento. Aproximadamente 25 por ciento de la población es católica y la mitad asiste a la iglesia varias veces al mes. Sin embargo, el número de sacerdotes católicos declina rápidamente —una disminución de alrededor de 50 por ciento entre 1966 y 2000— debido, principalmente, al requisito del celibato de sacerdotes. El crecimiento reciente más notable en América del Norte se ha dado en los grupos de protestantes evangelistas.

◆ En África, los cristianos son más numerosos que los musulmanes. En años recientes muchas iglesias episcopales carismáticas se han establecido y están prosperando. Numerosas iglesias independientes atraen a los neófitos, pero su teología no siempre es la de

En el mundo moderno nueve personas se convierten al Islam por cada tres que se convierten al cristianismo.

En muchas partes del mundo la fe cristiana está creciendo con celeridad. En África se calcula que la tasa a la que la población se está convirtiendo al cristianismo supera a la de natalidad.

La opción de pobreza voluntaria es un compromiso de solidaridad con los pobres, con aquellos que sufren miseria e injusticia... No es cuestión de idealizar a la pobreza, sino de tomarla como es —un mal— protestar en contra de ella y luchar por abolirla.

GUSTAVO GUTIÉRREZ (1928-)
TEÓLOGO DE LA LIBERACIÓN PERUANO.

la línea principal del cristianismo.

◆ Aunque Corea del Sur es tradicionalmente budista y confucianista, la iglesia cristiana crece 10 por ciento cada año. El crecimiento no se debe al trabajo de misioneros cristianos, sino a un movimiento de origen popular.

◆ La teología de la liberación, uno de los movimientos más controversiales de la Iglesia en el siglo XX, considera que el cristianismo es un movimiento revolucionario que surge de las necesidades de la gente y del estudio de las enseñanzas de Jesús. Se cree que la Iglesia debe identificarse políticamente con los pobres. La teología de la liberación ha sido resultado del trabajo de clérigos católico-romanos y, en menor grado, protestantes en Sudamérica, África y Asia. Algunas formas de cristianismo evangelista han logrado grandes avances en Sudamérica. A principios de los noventa, por ejemplo, surgían cinco iglesias evangelistas por semanal en Río de Janeiro.

El siglo XX fue testigo de la conversión de más gente al cristianismo que todos los siglos anteriores juntos.

El Islam es una de las grandes religiones más nuevas. Surgió en el siglo VI en lo que actualmente se llama Arabia Saudí. Sus dos lugares sagrados Makkah (Meca) y Madinah (Medina) están en ese país. Aunque el Islam es una religión mundial, la mayoría de sus 1200 millones de seguidores está en el norte de África, el Medio Oriente y el Sureste de Asia.

Islam es una palabra árabe que significa "sumision" y un musulmán es "el que se somete a la voluntad de Alá". El Islam es una forma de vida que cubre el aspecto secular y el espiritual. Se cree que Alá enviaba profetas como Abraham, Moisés y Jesús para enseñar a la gente cómo vivir, pero sus mensajes fueron ignorados. Finalmente, Alá envió a Mahoma, el último y más importante

Cada año aproximadamente dos millones de musulmanes hacen una peregrinación, conocida como el Haji, a La Meca.

profeta, a quien le manifestó su voluntad en una serie de revelaciones que se registraron, sin error, en el Corán. Los musulmanes tienen gran respeto por Mahoma, pero no fue divino y por eso no se le debe adorar. La veneración sólo corresponde a Alá puesto que es el creador y guía del universo.

Son creyentes únicamente los que creen en Alá y en su Enviado, sin abrigar ninguna duda, y combaten por Alá con su riqueza y sus vidas. ¡Ésos son los veraces!

CORÁN, 49,15.

ISLAM

Contenido

Los primeros años de Mahoma   122

El profeta Mahoma   124

Dos formas de Islam   126

El Corán   128

La mezquita   130

Los cinco pilares del Islam   132

Oración   134

Caridad y ayuno   136

Peregrinaje   138

Desde el nacimiento hasta la muerte   140

La forma de vida de los musulmanes   142

El Islam en la actualidad   144

Los primeros años de Mahoma

Siendo un niño huérfano, Mahoma conoció tanto la pobreza como la tristeza que lo prepararon para recibir las revelaciones de Alá, que son la base del Islam.

Mahoma nació en la ciudad de La Meca alrededor del año 570 e.c. La Meca era el centro de una próspera ruta de caravanas que facilitaba el comercio entre el sur de Arabia y el Mediterráneo. El padre de Mahoma murió antes de que él naciera y perdió a su madre cuanto tenía seis años. Dos años después, su abuelo, quien se había hecho cargo de él, murió también. El joven Mahoma fue criado entonces por su tío Abu Talib.

Mahoma trabajó como camellero y después como comerciante, donde se ganó una reputación de honestidad en los negocios. Esto le hizo obtener el sobrenombre de "Al-Amin" ("el digno de confianza"). Pronto comenzó a trabajar para Jadiya, una viuda rica, con quien se casó a pesar de ser 15 años menor que ella.

> *Creemos en lo que se nos ha revelado a nosotros y en lo que se os ha revelado a vosotros. Nuestro Dios y vuestro Dios es Uno. Y nos sometemos a él.*
> CORÁN, 29,46

Mensaje de Dios

Cuando tenía 40 años ya era un hombre profundamente religioso que pasaba la mayor parte de su tiempo haciendo oración en el desierto. Le preocupaba el comportamiento de la gente de La Meca que adoraba a diversos dioses, existían 300 ídolos de piedra, arcilla y madera en el *Kaaba* —el santuario que está en el centro de la ciudad. Mahoma vio cómo los ricos oprimían a los pobres, los esposos maltrataban a sus esposas e hijos y aumentaban los juegos de azar y la ebriedad. Durante una de las revelaciones de Mahoma, enviada por Alá a través del ángel Gabriel en una cueva del monte Hira en el año 610 e.c., vio una figura sobrehumana que le ordenaba recitar un texto y lo llamó *Rasul*, "el mensajero de Alá". El texto de esta revelación se

Un hombre estudia el Corán en la mezquita de La Meca, el lugar donde nació Mahoma.

Mahoma no fue el fundador del Islam y para los musulmanes es una ofensa referirse a su fe como "mahometanismo". La fe del Islam tuvo un origen divino.

No hay más Dios que Él. Él da la vida y da la muerte. ¡Creed, pues, en Alá y en su enviado, el profeta de la gente, que cree en Alá y en sus palabras! ¡Y seguidle!

CORÁN, 7, 158

incorporó al Corán (Surah 96).

Profundamente perturbado, Mahoma regresó a su hogar donde su esposa y su primo le aseguraron que el mensaje había venido de Alá. Tuvo otras visiones similares y sus amigos las guardaban en la memoria antes de escribirlas. Mahoma comenzó a predicar el nuevo mensaje a la gente de La Meca, pero pocos respondieron. Sólo después de ir a Medina se aceptó su mensaje.

El profeta Mahoma

El pueblo de Medina, a diferencia del de La Meca, aceptó de buen grado el mensaje de Mahoma. Con su apoyo, regresó a La Meca a limpiar el *Kaaba* de ídolos para dedicarlo a la veneración de Alá.

Mahoma y sus primeros seguidores fueron perseguidos por el pueblo de La Meca cuando contaron las revelaciones de Alá. La gente actuó con gran brutalidad, especialmente en contra de los esclavos que habían respondido al mensaje de Mahoma.

Emigración de Mahoma

En el año 622 Mahoma salió de La Meca rumbo a Medina en una jornada que los musulmanes conocen como la hégira ("emigración"). El calendario musulmán está fechado a partir del comienzo del año lunar en el que tuvo lugar la hégira (DH = "después de la hégira"). El establecimiento de una nueva comunidad religiosa, conocida como la *ummah*, con Mahoma como líder, tuvo lugar en Medina y Mahoma fue aceptado como el gobernante de la ciudad conforme más gente respondía. En esta comunidad religiosa se reconocieron los principios gemelos de igualdad y libertad;

a los árabes, a los judíos y a otros pueblos se les dio un estatus igual. La comunidad ummah se convirtió en la sociedad ideal basada en los principios del Islam.

Regreso a La Meca

Todo el tiempo que estuvo en Medina, Mahoma anhelaba regresar a La Meca, la ciudad donde nació; estaba particularmente desesperado por purgar el *Kaaba* de sus ídolos y establecer la veneración pura de Alá. Enseñó a sus seguidores a orar en dirección del santuario,

Mahoma reaccionó fuertemente en contra de todas las formas de idolatría. En la actualidad, cualquier representación artística de Alá o Mahoma en una mezquita está prohibida.

LA MUERTE DE MAHOMA

Mahoma emprendió su última peregrinación a La Meca en el año 632 e.c. y poco tiempo después murió en Medina. Para esa época tenía 63 años y la mayoría de la gente en Arabia había aceptado la forma de vida musulmana. Fue sepultado en la casa donde murió, que actualmente es la primera mezquita musulmana. Aunque no dejó un sucesor designado, el liderazgo fue retomado por Abu Bakr, su amigo más cercano.

y los preparaba para cuando regresaran a conquistar la ciudad.

Sus seguidores ganaron una notable victoria militar en Badr, en la que 300 musulmanes derrotaron a 1000 soldados de La Meca. Esto convenció a Mahoma y a sus seguidores de que Alá estaba de su parte.

En marzo de 629 Mahoma entró a La Meca, marchó siete veces alrededor del *Kaaba* y junto con su personal tocaron la Piedra Negra sagrada. Regresó triunfante a la ciudad unos meses después para ser aclamado el Profeta de Alá. La ciudad de La Meca

> *Aquellos entre ustedes que adoran a Mahoma sepan que Mahoma está muerto. En cuanto a aquellos que adoran a Dios, Dios está vivo y nunca morirá. Mahoma sólo es un mensajero; ha habido otros profetas antes que él y todos murieron. ¿Retrocederás?*
>
> ABU BAKR,
> SUCESOR DE MAHOMA

sigue siendo el corazón del Islam.

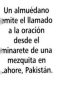

Un almuédano emite el llamado a la oración desde el minarete de una mezquita en Lahore, Pakistán.

Dos formas de Islam

Existen dos grupos de creyentes musulmanes. Nueve de cada diez son musulmanes sunnitas mientras que los otros son chiítas. No están de acuerdo con la legitimidad de los sucesores de Mahoma.

Después de la muerte de Mahoma en 632 hubo una gran preocupación acerca de quién dirigiría la nueva religión. La tradición islámica sugiere que Mahoma quería que su primo y yerno Shi'at Ali fuera su sucesor. Sin embargo, inmediatamente después de la muerte del profeta, Ali se preocupó en hacer los arreglos para su funeral y algunos musulmanes hicieron que Abu Bakr, el amigo cercano de Mahoma, fuera el nuevo líder. A Abu Bakr se le conoció como el califa ("sucesor") y fue seguido por tres asociados del profeta que se conocen entre los musulmanes sunnitas como los cuatro primeros califas.

Estos antecedentes explican porqué el Islam se ha dividido en dos grupos durante siglos.

Musulmanes sunnitas

Los sunnitas constituyen un gran porcentaje de la comunidad musulmana —la ummah. Su nombre fue tomado de la palabra *sunna*, que significa "sendero" y se refiere

MUSULMANES CHIÍTAS Y SUNNITAS

El islam chiíta es la religión oficial de Irán, y la forma de islam seguida en Iraq, India y Pakistán. El resto de las comunidades musulmanas son sunnitas – desde Indonesia (el país con la mayor cantidad de musulmanes) hasta África, y desde Asia hasta las comunidades árabes del Medio Oriente.

al camino marcado por Mahoma con sus palabras y acciones. Para los musulmanes sunnitas el Corán es fundamental y la *sunna* fue el primer comentario con autoridad acerca del libro sagrado. Los musulmanes sunnitas rechazan los puntos de vista y costumbres de varios grupos minoritarios y representan la mayoría de la ummah.

Musulmanes chiítas

Los musulmanes chiítas son los verdaderos seguidores de

El término "califa" se dio al sucesor designado de Mahoma. El califa pronto se convirtió en un líder político y el defensor de la fe. Este titulo fue abolido en 1924.

Un joven sacerdote en el colegio teológico de Shiraz, al sur de Irán. La forma shiíe del Islam es la religión oficial de Irán.

Shi'at Ali, el primo de Mahoma que en su momento se convirtió en el cuarto califa. Ellos creen que el resguardo del legado de Mahoma residía en los miembros de su familia, que fueron designados por Alá para guiar a la comunidad musulmana. A estos líderes espirituales se les conoció como imanes y se les atribuía perfección e infalibilidad. Los musulmanes chiítas rechazan las afirmaciones espirituales de los tres primeros califas.

En el siglo IX una pequeña secta de los chiítas, los ismailíes, apareció en India. Este grupo, encabezado por el Aga Khan, sostiene que siempre existe un imán que representa directamente a Dios en la Tierra.

El Corán

Es difícil que haya otras escrituras religiosas que se lean o se memoricen con más frecuencia que el Corán. Para los musulmanes el Corán es la palabra de Dios —eterna, absoluta e incomparable.

La palabra árabe *Qur'an* significa recitación y la completa belleza del libro sagrado sólo se puede apreciar cuando se lee en voz alta en el árabe original, aunque sus traducciones están permitidas.

Capítulos y versos

El Corán se refiere a sí mismo como "la tablilla conservada" y "madre del libro". Cada verso se llama *ayah* mientras que cada capítulo es una *sura*. Hay 114 suras en total y todas salvo una empiezan con las siguientes palabras: "en el nombre de Alá —todo gracia, todo misericordioso…" En árabe, a esto se le conoce como el *bismillah* y los musulmanes generalmente lo pronuncian antes de hacer cualquier cosa importante. Las suras no se colocan en el Corán según el orden en que fueron reveladas a Mahoma, sino en el orden en el que se compilaron según las

Niños malayos leyendo el Corán. Al Corán se le trata con gran respeto y sus pasajes se aprenden de memoria y se incluyen en oraciones.

> *Hemos revelado el Corán en idioma árabe... Este Corán no puede haberlo inventado nadie fuera de Alá... está exento de dudas, que procede del Señor del universo.*
>
> CORÁN, 12, 1; 10, 37

órdenes del tercer califa, Uthman (644-656).

Cada sura se identifica con un nombre que se toma de alguna palabra o tema que contiene. Por ejemplo, la segunda sura se llama "La Vaca" porque cuenta la historia de Moisés que pide al pueblo que sacrifique a una vaca. La sura más conocida es la primera —la *al-Fatihah*— que los devotos musulmanes recitan cinco veces al día.

Las enseñanzas del Corán

Los musulmanes tratan al Corán con el mayor respeto posible porque creen que es la verdadera palabra de Dios transmitida al profeta Mahoma a partir del original que está en el Cielo. La inspiración y autoridad divinas se aplican a todas las palabras del original en árabe.

El Corán enseña a todos los musulmanes cómo vivir en total sumisión a Alá. También les aconseja cómo prepararse para la llegada del Día del Juicio —un tema frecuente en el libro sagrado— cuando estén ante Alá y respondan por sus acciones en la Tierra. El destino eterno de los hombres y mujeres se decidirá en ese momento: Cielo o infierno. Para que los creyentes puedan vivir una vida que agrade a Alá, se les aconseja una amplia gama de temas que incluyen cómo compartir la riqueza, cómo tratar a las mujeres y a los huérfanos, el matrimonio y el divorcio, el alcohol y los juegos de azar y el préstamo de dinero.

Debido a que al Corán se le reverencia tanto, sus pasajes se aprenden de memoria y se usan en oraciones. Durante el mes sagrado del Ramadán, los musulmanes varones reservan un tiempo para leer todo el libro. Durante las oraciones del viernes en la mezquita, el imán usa un pasaje del Corán como la base de su sermón, que contiene un mensaje político y espiritual.

La mezquita

Los musulmanes pueden orar en cualquier parte, los varones procuran hacerlo en una mezquita el viernes a mediodía. La mezquita es un lugar de oración, donde se realizan otras funciones importantes para la comunidad.

Para los musulmanes la mezquita actúa como centro comunitario, escuela y tribunal de justicia y también es un lugar para hacer oración. En los primeros siglos del Islam, los musulmanes empezaban sus peregrinaciones (el *hajj*) a partir de la mezquita y en ella se declaraba la Guerra Santa o *jihad*.

Construcción de una mezquita

Mahoma prometió que todos los involucrados en la construcción de una mezquita pasarían directamente al Cielo después de morir porque sus acciones eran agradables a Alá. Mahoma construyó la primera mezquita en Medina con sus propias manos y utilizó el edificio como su hogar. Todas las demás mezquitas se han basado, tanto como es posible, en el patrón establecido por Mahoma.

El exterior de la mezquita

Algunos de los edificios más hermosos del mundo son

Las paredes hermosamente decoradas y la cúpula dorada de la Mezquita de la Roca en Jerusalén.

mezquitas, como la Mezquita de la Roca en Jerusalén, pero la mayoría son deliberadamente sencillas en cuanto a su diseño. Las mezquitas tienen dos características distintivas: la cúpula que representa al universo sobre el que Alá tiene control absoluto y cuatro minaretes desde los que el almuédano entona el llamado a la oración, o *adhan*, cinco veces al día.

Cada musulmán se debe lavar antes de orar en la mezquita. En las mezquitas orientales hay grifos de agua en el atrio exterior para el *wudu*, el ritual de limpieza que precede a la oración; en las mezquitas occidentales generalmente se encuentran en el interior del edificio.

El interior de la mezquita

Al entrar los musulmanes se quitan los zapatos y los colocan en una repisa como muestra de

> Dios es el más grande, Dios es el más grande, Dios es el más grande, Dios es el más grande. Soy testigo de que no hay más Dios que Alá, soy testigo de que no hay mas Dios que Alá. soy testigo de que Mahoma es el profeta de Alá, Soy testigo de que Mahoma es el profeta de Alá. Ven a orar. Ven a orar. Ven a triunfar. Ven a triunfar. Dios es el más grande, Dios es el más grande. No hay mas Dios que Alá
>
> EL *ADHAN*

Los devotos se quitan los zapatos antes de entrar a la sala de oración de una mezquita y miran en dirección a La Meca durante la oración.

ORACIONES DEL VIERNES

La principal ceremonia semanal en la mezquita es la oración del viernes a la que se espera que los musulmanes varones asistan, a menos que estén enfermos o de viaje. En esta ceremonia el imán guía a los fieles en sus oraciones y da un sermón desde una plataforma elevada (el *minbar*). Las mujeres no están obligadas a acudir a la mezquita y rara vez asisten, si lo hacen, ofrecen sus oraciones separadas de los hombres.

respeto a Alá. En la sala de oración los asistentes se sientan sobre la alfombra estampada, donde hay un arco que apunta hacia La Meca. Sin embargo, muchos devotos traen sus propias esteras de oración. Todos los musulmanes deben mirar en dirección de La Meca (*qiblah*) durante la oración, que está indicada por un nicho en una de las paredes de la mezquita, el *mihrab*. En la mezquita no hay imágenes o estatuas porque se cree que promueven la idolatría, pero las paredes y las columnas pueden estar decoradas con diseños o versos del Corán en árabe.

Los cinco pilares del Islam

Los cinco pilares del Islam son los cimientos de todo el Islam. La tradición describe cómo fue que Mahoma los enumeró a un hombre que le preguntó sobre las obligaciones de un musulmán.

Para los musulmanes la fe sin acción es inútil porque la fe motiva la acción, por lo tanto, aplican la fe en el mundo real donde puede crecer. El Islam es una forma de vida —una mezcla de fe, pensamiento y acción— y se refleja en los cinco pilares, las bases sobre las que se edificó la fe.

> No hay otro Dios sino Alá y Mahoma es su profeta.
> TEL SHAHADAH

◆ El *Shahadah* es la declaración de que sólo existe un ser supremo, Alá, y que Mahoma es su profeta. La creencia de que Dios es uno, tan fundamental para el Islam, se llama la *tawhid*.

◆ *Salat* significa oración. Las oraciones se recitan cinco veces al día y son la principal actividad espiritual de la vida musulmana.

◆ *Zakat* es el pago de la limosna que se da a los pobres. Por su crianza en la

El Corán enseña que Alá tiene 99 hermosos nombres que los musulmanes repiten a lo largo del día. Para ayudarse a lograrlo sin olvidar ninguno usan cuentas especiales de oración —*misbeha*.

El *Shahadah*

El *shahadah*, la declaración de fe en Alá, es el primer pilar y se coloca en el centro del estilo de vida musulmán. Se repite varias veces todos los días, se susurra a los oídos de los recién nacidos, se enseña a todos los niños en el *madrasa* (la escuela en la mezquita), y son las últimas palabras que todo musulmán espera poder decir antes de morir. Alá fue proclamado por todos los profetas antes de la llegada de Mahoma, pero fue el profeta quien recibió la revelación final de Dios. En el Corán, Alá es el todopoderoso, el creador y sustentador del universo, quien controla todas las vidas y destinos, el misericordioso, el indulgente, el que ve y sabe todas las cosas.

Alá debe recibir la veneración y lealtad total de los musulmanes. Para expresarlo recitan el *Bismillah* ("en el nombre de Alá") antes de todo acto importante el *Inshe Allah* ("con la voluntad de Dios") antes de hacer cualquier plan a futuro. Nada sucede si no es con la voluntad de Alá, así que no se deben cuestionar las acciones de Dios —se deben aceptar por completo.

Relojes que muestran las horas de oración en una mezquita.

pobreza, Mahoma hizo obligatorio a todos los musulmanes cuidar a los pobres y las viudas.

◆ *Sawm* es el ayuno durante el mes del Ramadán.

◆ El *hajj* es la peregrinación a los lugares sagrados del Islam en La Meca, que se debe hacer al menos una vez en la vida.

Un devoto solitario se arrodilla para orar en la mezquita de Sokulli Mehmet Paça en Estambul. Existen posiciones prescritas para orar y las oraciones son en árabe.

Oración

La oración es tan importante que cualquiera que evite orar se sitúa fuera de la comunidad musulmana. La oración fortalece la fe y ayuda a descubrir la verdadera paz interior.

Existen dos clases de oración en el Islam. La oración ritual, o *salat*, generalmente se hace en la mezquita y en idioma árabe y la oración en privado, o *du'a*, que se puede ofrecer en cualquier momento.

Lavarse, o *wudu* es un elaborado ritual que precede un acto de oración o veneración.

Oración ritual

Después de que se han ofrecido las necesarias abluciones, o *wudu*, puede empezar el *salat*. La tradición musulmana prescribe las cinco horas de cada día en que se debe ofrecer el *salat*: al amanecer, a mediodía, a media tarde, al anochecer y a la medianoche. El *salat* involucra el

> *Si uno de ustedes tiene un río a su puerta en el que se lave cinco veces al día, ¿qué creen ustedes?, ¿quedará tierra en su cuerpo? Los compañeros dijeron "no quedará tierra en su cuerpo". El profeta dijo: "Esto es un ejemplo de las cinco oraciones con las que Alá borra los pecados de un hombre".*
>
> MAHOMA

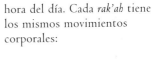

Mahoma dijo a us seguidores que "una oración frecida en ongregación" ra 27 veces más valiosa que una frecida en rivado.

Musulmanes en oración. En algunos lugares la mezquita no es lo suficientemente grande para albergar a los devotos y muchos hacen oración fuera de ella.

ORACIÓN EN PRIVADO

La oración en privado, o *du'a*, se puede ofrecer a Alá en cualquier momento, puede incluir oraciones de agradecimiento, de ayuda o peticiones para el éxito de alguna empresa.

movimiento a través de una serie de acciones, bajo la guía de un imán, que recita palabras precisas del Corán para acompañar cada acción.

Cada secuencia completa de oración es un *rak'ah* y el número de ellas varía según la hora del día. Cada *rak'ah* tiene los mismos movimientos corporales:

◆ De pie con las manos a los lados en reconocimiento de la autoridad de Alá.
◆ De pie con los pulgares en los lóbulos de las orejas y los dedos extendidos hacia fuera mientras se recita el *shahadah*.
◆ De pie con la palma de la mano derecha sobre el dorso de la mano izquierda que yace sobre el pecho.
◆ Inclinados a partir de la cintura mientras se mantiene recta la espalda y los dedos sobre las rodillas, para expresar amor a Alá y reconocer su grandeza y poder.
◆ Permanecer postrado con la nariz, la frente y las palmas de las manos tocando el suelo —la posición más humilde que ofrece genuina sumisión a Alá.
◆ En cuclillas con las palmas de las manos sobre las rodillas.

En la posición final, el devoto medita durante un minuto antes de buscar el perdón de Alá. Antes de terminar el *rak'ah* el adorador mira a la derecha y a la izquierda para reconocer la presencia de los demás devotos y los ángeles guardianes invisibles.

Caridad y ayuno

La caridad y el ayuno (*zakat* y *sawn*) son el tercero y cuarto pilares del Islam.

El tercer pilar del Islam es dar limosna a los pobres como muestra de devoción a Alá. El cuarto es la disciplina del ayuno desde el amanecer hasta el anochecer durante el mes del Ramadán.

> *No es devoto el que come hasta saciarse mientras su prójimo sigue hambriento a su lado.*
>
> MAHOMA

Caridad

Hay dos formas de limosna:

◆ *Zakat* es un requisito legal que estipula que cada musulmán debe dar 2.5 por ciento de su riqueza para fines de caridad cada año. En los países musulmanes estas donaciones las recoge el gobierno y las distribuye a los pobres, mientras que en otros lugares cada musulmán hace sus arreglos para pagarlas y decidir cómo se gastan. Todo musulmán sabe que Alá lo hará responsable el Día del Juicio por su honestidad e integridad en asuntos de dinero.

◆ *Sadaqah* es una donación voluntaria que se puede dar en cualquier momento. De preferencia, esta donación se debe entregar en secreto y no está relacionado con el *zakat*. Después del *salat*, el *zakat* es la obligación espiritual más fuerte de los musulmanes. Todas las donaciones deben ser generosas; no hay límite superior porque la riqueza es un regalo de Alá. Al dar libremente, una persona "purifica" su riqueza y evita que su alma dependa de las posesiones materiales en vez de Alá. Para quien recibe ayuda, el *zakat* no es caridad puesto que

Las donaciones obligatorias (*zakat*) se recogen fuera de la mezquita. La cantidad dada es la decimocuarta parte del ingreso anual de una persona y generalmente se distribuye a los pobres y los necesitados.

cada miembro de la comunidad musulmana tiene la obligación divina de compartir la beneficencia y bondad de Alá.

Ayuno

El cuarto pilar especifica que todos los musulmanes sanos deben ayunar mientras haya luz del día en el Ramadán, el noveno mes del calendario musulmán, y esto incluye la abstinencia sexual y de alimentos y bebidas. Tampoco se permite fumar ni usar pasta dental. Los únicos excluidos de esta obligación son los niños (que son introducidos al ayuno en forma gradual), los enfermos, los ancianos, mujeres embarazadas o que amamantan a sus hijos y los viajeros. Los que viajan durante el Ramadán tienen la obligación espiritual de hacer ayuno completo posteriormente.

El ayuno del Ramadán es vital en la comunidad del mundo musulmán porque une a los individuos con el ummah. Quienes nunca han padecido hambre comparten la experiencia diaria de sus hermanos y hermanas pobres. El ayuno también da más tiempo a los devotos para concentrarse en Alá, orar con mayor intensidad, dar con más generosidad y leer todo el Corán. Durante el Ramadán, los devotos se acercan un poco más a los ángeles, que siempre se comportan perfectamente en la presencia de Alá.

El Corán dice a los musulmanes que, durante el Ramadán, pueden comer y beber hasta que puedan distinguir una hebra blanca y otra negra en la luz del amanecer. Después deben ayunar hasta que caiga la noche y no puedan distinguir el color de las hebras.

OTRAS DIRECTRICES

El Corán prohíbe a los musulmanes deber dinero o comportarse sin ética. El libro sagrado también es una guía clara sobre el matrimonio y el divorcio, la herencia y los derechos de propiedad y el trato a las mujeres y los esclavos junto con códigos adecuados de vestir. En asuntos de la ropa, el Islam considera equivocado todo aquello que da una falsa impresión o refleja vanidad. El Corán estipula que las mujeres deben vestirse para cubrir sus cuerpos y que su ropa no debe ser ni clara ni transparente. Una guía similar se da a los hombres.

Peregrinaje

El peregrinaje a La Meca, Hajj, es uno de los más grandes acontecimientos religiosos en el mundo. Todo musulmán sano está obligado a hacer la peregrinación una vez en su vida.

La quinta y última obligación de todo musulmán sano es hacer una peregrinación (el Hajj) al santuario sagrado del *Kaaba* en La Meca. Sin embargo, antes de realizarlo deben proveer en forma adecuada a su familia y a sus dependientes económicos durante su ausencia. Sólo pueden hacer la peregrinación entre el octavo y decimotercer día de Dhu Al-Hiyya, el último mes del año islámico.

El Hajj

En las afueras de La Meca cada peregrino varón viste dos prendas blancas idénticas sin coser (*ihram*). Esto muestra que todos, sin importar su riqueza, son iguales ante Alá. Enseguida se lavan perfectamente y hacen una declaración de su intención de completar con éxito el Hajj. A partir de ese momento deben abstenerse de afeitar cualquier parte de su cuerpo, cortarse las uñas, usar aceites o perfumes, tener relaciones sexuales, arrancar pasto o cortar árboles. Esto pone al devoto en el estado mental adecuado para completar con éxito el Hajj.

Al llegar a la ciudad, cada peregrino sigue el ejemplo de Mahoma durante su última visita a la ciudad, caminan siete veces en contra de las manecillas del reloj alrededor del *Kaaba*. A esto se le llama *tawaf*. Tres vueltas se completan rápidamente, durante la cuarta vuelta, el peregrino hace una pausa para tocar o besar la Piedra Negra en la esquina sudoeste del *Kaaba*, que es el objeto más sagrado del Islam debido a que el *Kaaba*, la casa de Alá, es el centro de la devoción de los musulmanes.

Los peregrinos corren entre las colinas gemelas de Safa y Mawa para recordar a Agar durante la búsqueda frenética de agua para su hijo, Ismael, antes de encontrar el pozo (el pozo de Zamzam) que Dios le proporcionó. Los peregrinos toman un poco de esta agua en una ampolleta para llevarla a su hogar después del Hajj.

Mahoma dio su último sermón desde el Monte de la

Los peregrinos caminan alrededor del *Kaaba* en La Meca. El *Kaaba* contiene la Piedra Negra que, según los musulmanes, el ángel Gabriel entregó a Adán y posteriormente Abraham la puso en el muro del *Kaaba*.

Piedad en 632. Ahí, el peregrino permanece de pie en meditación ante Alá desde mediodía hasta que se pone el sol.

Los peregrinos se dirigen a la ciudad de Mina donde hay tres pilares de piedra que representan a Iblis, el demonio. Arrojan siete piedras a cada pilar para recordar que Ismael fue tentado tres veces por Iblis para que huyera cuando Abraham estaba a punto de sacrificarlo. Después de este acontecimiento se sacrifican animales.

Posteriormente, hay un cuarto día de festival que celebran los musulmanes de todo el mundo —el festival de *Id-ul-Adha*. Cuando al final llegan de regreso al *Kaaba* en La Meca, se quitan el *ihram* y los hombres se cortan el cabello para marcar el final del Hajj. Mientras la mayoría de peregrinos regresan a su hogar después del Hajj, algunos viajan a Medina para visitar la tumba de Mahoma.

Desde el nacimiento hasta la muerte

Al igual que otras religiones, el Islam marca cada etapa importante de la vida —el nacimiento, el matrimonio y la muerte— con ceremonias privadas o públicas.

Todos los bebés que nacen en familias musulmanas son considerados dones de Alá, por lo que son bienvenidos por la ummah —la comunidad musulmana de todo el mundo. A los pocos minutos de nacer, el padre toma al recién nacido en sus brazos y susurra el *shahadah* en su oído derecho para asegurarse de que escuche el nombre de Alá antes que cualquier otra cosa. Un pariente de mayor edad coloca una pieza de azúcar o dátil en la lengua del bebé para expresar la esperanza de que crecerá siendo una persona de naturaleza dulce y generosa.

Siete días después, se rapa la cabeza del bebé y el peso equivalente del cabello se reparte en oro o plata a los pobres durante la ceremonia del *aqiqah*. Al mismo tiempo se le asignan los nombres al bebé y uno de ellos se toma de Mahoma o Alá. Muchos niños musulmanes son circuncidados en ese mismo momento, aunque puede dejarse para después.

Posteriormente, cuando el niño cumple cuatro años,

> *Dios fija el tiempo que duran todas las cosas... Él causa la muerte y el nacimiento de las personas; Él hizo lo masculino y lo femenino y Él nos recreará de nuevo.*
>
> CORÁN, 75.3-4

Un padre musulmán susurra el *shahadah* al oído de su hijo recién nacido.

momento hasta la edad adulta, la educación religiosa del niño continuará regularmente en la escuela de la mezquita —el *madrasa*.

Matrimonio

Los musulmanes consideran que el matrimonio es el cimiento de la sociedad y la columna vertebral de la vida familiar. En las comunidades musulmanas la familia participa en la elección de la pareja y, cuando se ha llegado a un acuerdo, el novio o el padre del mismo paga una dote. Esto es una salvaguarda importante para la novia, que no tiene probabilidades de ganar dinero por sí misma. En la ceremonia del matrimonio los novios firman un contrato en presencia de dos testigos masculinos.

Un funeral musulmán en Irán. Los musulmanes nunca creman los cadáveres porque creen que después de la muerte habrá una resurrección corporal durante el Día del Juicio.

comienza su educación religiosa. Para la ceremonia del *Bismillah* el niño aprende la primera línea de la primera sura del Corán (la *al-Fatihah*), para conmemorar el momento en que el ángel Gabriel se apareció por primera vez a Mahoma. A partir de ese

La tradición musulmana enseña que dos ángeles visitan la tumba y preguntan a la persona fallecida si está lista para la próxima vida. El *shahadah* y el *al-Fatihah* se recitan sobre la tumba para que el fallecido sepa cómo contestar a los ángeles.

FUNERALES

Los musulmanes creen en la resurrección del cuerpo y la vida después de la muerte y por ello conciben la muerte con esperanza. Un agonizante recita el *shahadah* mientras sus parientes leen pasajes del Corán alrededor de su cama. Después de la muerte, el cuerpo se lava tres veces, se envuelve en tres sábanas blancas y se lleva en una camilla al lugar del funeral. El cuerpo se coloca directamente sobre la tierra, apoyado sobre el costado derecho con la cabeza orientada hacia La Meca. Los dolientes recitan el *al-Fatihah* antes de regresar a su hogar. El viernes posterior al funeral los miembros de la familia pueden visitar la tumba y dejar una hoja de palmera —símbolo de paz.

La forma de vida de los musulmanes

Comer los alimentos puros y saludables que brinda Alá es un acto de veneración. Algunos están prohibidos como la carne de cerdo y el alcohol, debido a los peligros individuales y sociales inherentes.

La mayoría de los alimentos están permitidos para los musulmanes: llevar una dieta moderada y sana es una necesidad física religiosa. Sin embargo, el Corán introduce ciertas restricciones.

Grupo de beduinos que comparten un alimento en Bahrain. Las leyes definen qué alimentos pueden consumir y no permiten el alcohol.

Alimentos prohibidos y permitidos

Los musulmanes sólo deben comer alimentos *halal*, "permitido por las leyes islámicas" y no deben tocar los alimentos *haram* (prohibidos). Según el Corán, los alimentos haram incluyen la carne de cualquier animal sacrificado de forma desconocida o que todavía contiene sangre; la carne de cualquier animal que murió,

> *¡Creyentes! ¡Comed de las cosas buenas de que os hemos proveído y dad gracias a Alá, si es a Él sólo a quien servís!*
>
> CORÁN 2,173

> *Di a las creyentes que bajen la vista con recato, que sean castas y no muestren más adorno que los que [normalmente] están a la vista.*
>
> CORÁN 24,30

en vez de ser sacrificado; cualquier alimento derivado del cerdo porque consumen desperdicios; y la carne de cualquier animal que se ha sacrificado en nombre distinto de Alá.

Sin embargo, si tienen que escoger entre comer alimentos prohibidos o morir de hambre, los musulmanes pueden comer cualquier cosa con la conciencia tranquila.

Incluso los alimentos permitidos se deben preparar bajo estrictas medidas antes de que sean adecuados para comer, y todos los animales se deben

sacrificar con compasión. Sus gargantas deberán cortarse con el cuchillo más filoso para que la muerte llegue rápido y sin dolor, mientras que se pronuncia la bendición del *Bismillah*. La muerte de un animal no debe ser presenciada por otro.

Alcohol

Según el Corán, la palma datilera y la vid proporcionan frutas frescas, miel de dátil y vinagre. Pero los intoxicantes que desestabilizan a los individuos y a las comunidades vienen de frutas en descomposición y fermentadas. Esto muestra que aunque Alá ha proporcionado todo lo que hay en la naturaleza para que lo disfrutemos, permite a Iblis (Satán) tentarnos para apartarnos del camino recto por el mal uso de estos dones. Beber alcohol es un claro ejemplo de ello y por lo tanto se debe evitar.

El Islam en la actualidad

El Islam es la religión con mayor crecimiento en el mundo moderno. Conforme se expande se hace más poderosa en el mundo y capta todavía más adeptos.

En siglos recientes, el Islam ha adquirido influencia creciente en el mundo. Muchos de los países del tercer mundo de reciente surgimiento en el siglo XX son musulmanes. La importancia de algunos de ellos es central para la economía mundial porque controlan suministros importantes de gas natural, petróleo y minerales.

Una religión en crecimiento

El Islam se está expandiendo en todo el mundo. Ahora existen más de 1000 millones de musulmanes en el Medio Oriente, África, India, Asia Central y otras regiones del mundo. La mayor comunidad musulmana se encuentra en Indonesia, donde 186 millones de musulmanes constituyen

más de 90 por ciento de la población total. También hay grandes comunidades nativas en Europa Oriental —especialmente en Albania, Macedonia y los estados del sur de la ex Unión Soviética. También en Europa Occidental

El Islam es lo suficientemente vasto para crear obras de arte de asombrosa belleza, pero abraza nuevos desarrollos en la ciencia y la tecnología al mismo tiempo.

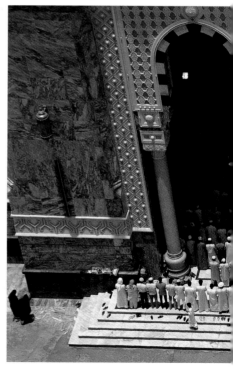

La pena de muerte es obligatoria por apostasía cometida por cualquier musulmán que reniegue del Islam o que abiertamente se declare en apostasía con sus acciones.

CÓDIGO PENAL DE SUDÁN, 1991

os tres mayores aíses musulmanes en érminos de xtensión erritorial son udán, Argelia y rabia Saudí. ada uno de estos aíses tiene el amaño proximado de odos los países uropeos juntos.

se pueden encontrar cuantiosas comunidades musulmanas, especialmente en Italia, Alemania y Holanda. Cinco por ciento de la población en Francia es musulmana.

Se cree que el Islam será la segunda mayor religión en los Estados Unidos después del Cristianismo. 60 por ciento de los musulmanes estadunidenses son inmigrantes del Medio Oriente y 40 por ciento se ha convertido al Islam

—principalmente los afro americanos.

Los musulmanes constituyen la mayoría de personas en 30 países del mundo. Abarcan gran parte de la población en áreas como Nigeria, India, Filipinas y el noroeste de China. El Islam es la principal religión en algunos de los países más ricos como en los países más pobres del mundo —con Arabia Saudí en un extremo del espectro y Sudán y Bangladesh en el otro.

El sijismo es la religión más reciente en el mundo. La Ley sij gurdwara, aprobada en India en 1925, define a un sij como "alguien que cree en los diez gurús y el *Gurú Granth Sahib* y no es un *patit* [miembro expulsado]". Como esto todavía causa cierta confusión, una reunión celebrada en Amritsar, al norte de India en 1931, definió la verdadera fe y prácticas sij. A partir de entonces, un sij se reconocería como alguien que tiene fe en un Dios, en las enseñanzas de los diez gurús y en el *Adi Granth*; que cree en la importancia y necesidad del *amrit*; que no pertenece a ninguna otra religión; que es miembro de la comunidad sij y que acepta la disciplina de dicha comunidad.

Aunque el sijismo inició en India

El Templo Dorado en Amritsar, India, está rodeado por el lago de la Inmortalidad. Los peregrinos atraviesan un puente.

(en la región que actualmente es Pakistán) los sij están dispersos en todo el mundo. La mayor comunidad sij fuera de la India está en Gran Bretaña, donde hay alrededor de 500000 sij. Sin embargo, el sijismo sigue firmemente arraigado en la cultura de la India y enfatiza la importancia de la apariencia e higiene personal al servicio de Dios.

> *Escúchame corazón mío, ama a Dios incesantemente, como el pez ama al agua. Cuanto más profunda sea el agua más feliz y más tranquilo está el pez. La mayor enfermedad del alma es olvidar siquiera un segundo al Amado.*
>
> ADI GRANTH

SIJISMO

Contenido

El fundador del sijismo   148

Los diez gurús   150

La comunidad sij   152

Creencias   154

Escrituras   156

El templo   158

Veneración   160

Festivales y celebración   162

Amritsar   164

El sijismo en la actualidad   166

El fundador del sijismo

El sijismo fue fundado por el Gurú Nanak, quien respetaba tanto al hinduismo como al Islam, pero creía que ocultaban la verdad acerca de Dios. El sijismo enfatiza la relación personal entre el individuo y lo divino.

El Gurú Nanak nació en 1469 en Talwindi, actualmente Nankana Sahib, en Pakistán, y era de origen hindú. Desde niño mostró cualidades de sabiduría e introspección espiritual y sus maestros pronto decidieron que había muy poco que le pudieran enseñar. Dedicó la primera parte de su vida a hablar con hombres santos hindúes y musulmanes.

De acuerdo con la costumbre hindú, el padre de Nanak arregló su matrimonio cuando tenía 18 años. Sin embargo, cuando nació su primer hijo se negó a practicar los rituales tradicionales

El primero y el último de los diez gurús sij. El Gurú Nanak, el fundador del sijismo (a la izquierda), con el último y segundo gurú más importante, el Gurú Gobind Singh.

> *No hay sendero hindú ni musulmán, por lo tanto ¿qué camino debo seguir? Seguiré el camino de Dios. Dios no es ni hindú ni musulmán y el camino que seguiré es el de Dios.*
>
> GURÚ NANAK (1469-1539), FUNDADOR DEL SIJISMO

hindúes para eliminar las impurezas del niño. Afirmó que el nacimiento es un acontecimiento natural y que las verdaderas impurezas eran "la mente codiciosa, la lengua que dice falsedades, los ojos llenos de lujuria y los oídos que toman por verdad las pruebas no confiables".

El llamado de Dios

A la edad de 30 años, Nanak tuvo una experiencia espiritual que cambió el curso de su vida. Mientras se bañaba en el río Bein se sintió transportado a la corte celestial ante la presencia de Dios, donde recibió una taza de néctar, o *amrit*, para beber. Quienes lo conocían estaban seguros de que se había ahogado, pero regresó a ellos después de tres días y anunció que Dios lo había llamado para ser un gurú.

Los siguientes 20 años, Nanak viajó a India y los países musulmanes y visitó los lugares sagrados del hinduismo y del Islam para predicar. Después se estableció como agricultor en el Punjab. Poco a poco creció a su alrededor una comunidad de discípulos o sij. Pocos días antes de su muerte, en 1539, el Gurú Nanak nominó a su seguidor más devoto, Lehna, para que lo sucediera.

EL MENSAJE DEL GURÚ NANAK

El mensaje predicado por el Gurú Nanak cortó de tajo muchas creencias apreciadas por los hindúes y musulmanes y reforzó otras. Dijo a la gente que:

◆ Hay un Dios que está tanto en el mundo como por encima del mundo.

◆ Hay un ciclo continuo de nacimiento, vida, muerte y renacimiento por el que todos deben pasar.

◆ La meta del alma de las personas es ser reabsorbida por Dios de quien proviene originalmente.

◆ Quienes esperan regresar a Dios deben disciplinarse y vivir según ciertos principios morales. Por encima de todo, deben vivir con humildad y estar al servicio de los demás.

Los diez gurús

Los diez gurús, comenzando con el Gurú Nanak, constituyen una línea continua de revelación de Dios. Cada gurú fue escogido por su predecesor y poseía el mismo conocimiento acerca de Dios.

El Gurú Nanak tuvo dos hijos a quienes les disgustó que escogiera a uno de sus discípulos, Lehna, como su sucesor. En muchas ocasiones el Gurú Nanak impuso a sus hijos actividades humildes para probar su capacidad espiritual para el liderazgo, pero invariablemente consideraron que esas tareas no eran dignas de ellos. A Lehna, sin embargo, se le habían asignado los mismos retos y había respondido de inmediato.

> Todo el mundo disfruta la vista del Gurú, pero ninguno será salvado sólo con su vista. Uno debe amoldar sus pensamientos según las palabras del gurú.
>
> GURÚ AMAR DAS, EL TERCER GURÚ

Los sucesores del Gurú Nanak

Lehna se convirtió en el Gurú Angad, el segundo gurú (1539-52), a la muerte del Gurú Nanak. Desarrolló el *gurmukhi*, el idioma de las escrituras sij que permitió al sijismo desarrollar una identidad propia. El Gurú Angad escribió himnos en el nuevo idioma que incluían el nombre de Nanak en la última línea.

El Gurú Amar Das (1552-74), el tercer gurú, hizo una importante contribución al sijismo cuando construyó la primera cocina abierta, o *langar*, para que quienes lo visitaban pudieran comer primero. Esto enseñaba a cada visitante que todos son iguales ante los ojos de Dios —una creencia sij importante. El langar sigue siendo una característica relevante en la vida espiritual de cada templo sij, o *gurdwara* (la "puerta del gurú").

El Gurú Ram Das (1574-81), el cuarto gurú, es conocido por haber fundado la ciudad sagrada de Amritsar en África del Norte, pero también escribió el himno en que se basa toda ceremonia de boda sij, lo que significó que los sij ya no necesitaban las escrituras ni a los sacerdotes hindúes.

El Gurú Arjan (1581-1606), el quinto gurú, construyó un hermoso templo,

Según la fe sij, sólo Dios inspiró a los gurús humanos y al *Gurú Grantrh Sahib*. Por esta razón Dios es el verdadero gurú, o Sat Gurú.

el *Harimandir*, en medio de un lago artificial en Amritsar —que después se convertiría en el Templo Dorado. El Gurú Arjan agrupó los himnos que escribieron los primeros gurús, agregó algunos y los publicó como el *Adi Granth* —el "primer libro"— que posteriormente se conoció como el *Gurú Granth Sahib*. Un año después, el Gurú

El Gurú Har Rai (1644-61), el Gurú Har Krishan (1661-64) y el Gurú Tegh Bahadur (1664-75) fueron los siguientes gurús.

El décimo gurú

En los tiempos del Gurú Gobind Singh (1675-1708), el décimo y último gurú humano hubo tortura, represión y muerte

Arjan se convirtió en el primer mártir sij. Su sucesor, el Gurú Har Gobind (1606-44), portaba dos espadas que simbolizan la batalla y el espíritu; desde entonces se han combinado los elementos físicos y espirituales en el sijismo.

de muchos seguidores. Él decidió convertir la fe en una fuerza de lucha para que, si era necesario, se pudiera defender. Por esta razón se estableció la Khalsa, la fraternidad sij.

La comunidad sij

Formada en 1699 por el Gurú Gobind Singh como una fraternidad militante para defender el sijismo, la Khalsa agrupa a hombres y mujeres sij para sostener su fe por medio del servicio a los demás.

En 1699, el Gurú Gobind Singh (entonces llamado Gurú Gobind Rai), el décimo gurú, invitó a todos los sij a que se reunieran en el festival de abril de Baisakhi. Con espada en mano pidió voluntarios que estuvieran dispuestos a morir por su fe. Un hombre desapareció en compañía del gurú al interior de su tienda y éste último salió con la espada ensangrentada. Otros cuatro hombres le siguieron, con la misma suerte. Todos los sij rinden tributo al valor de estos cinco hombres —los Cinco Fieles o los *panj piares*.

Los *panj piares* se convirtieron en los primeros miembros de la Khalasa (los "puros"). Como parte de su iniciación se les dio *amrit* para beber. Esta bebida se preparaba en un tazón de hierro en el que se ponía agua y cristales de azúcar, como en la actualidad, y se agitaba con una espada de doble filo, o *khanda*. A continuación, el gurú en persona se convirtió en miembro de la Khalsa y cambió su nombre por Gurú Gobind Singh.

El código de disciplina

El Gurú Gobind Singh estableció un estricto código de disciplina que se sigue todavía. Todos los días recitan cinco himnos; no beben alcohol ni

UNIÓN A LA FRATERNIDAD

Los hombres que se convierten en miembros de la Khalsa toman el sobrenombre de Singh ("león") y las mujeres el sobrenombre de Kaur ("princesa"). Unirse a la fraternidad es un "bautismo por la espada" y ha sido el enfoque de la unidad sij desde la época del Gurú Gobind Singh. Los ideales de la Khalsa son muy apreciados por sus miembros y todas las decisiones se toman en la presencia del onceavo gurú —el *Gurú Granth Sahib*.

toman drogas; no deben robar, cometer adulterio ni participar en juegos de azar; deben servir a todos los miembros de la humanidad, en especial a los pobres y estar dispuestos a servir a Dios, el verdadero gurú, en toda forma que sea necesaria. Además, todos los

> *Quien repite noche y día el nombre de Dios, cuya luz duradera es inextinguible; quien no piensa en otra cosa más que en Dios; quien tiene completo amor y confianza en Dios... quien sólo reconoce a Dios... En cuyo corazón brilla la luz del perfecto, es reconocido como miembro puro de la Khalsa.*
>
> GURÚ GOBIND SINGH,
> EL DÉCIMO GURÚ

Un sij con la barba sin cortar, espada y brazalete de acero, características de un miembro de una Khalsa.

simboliza la disponibilidad de pelear contra la opresión física y espiritual.

◆ *Kangha* es un peine, esencial para una limpieza básica, uno de los cimientos del sijismo.

◆ *Kara* es un brazalete de acero que se usa en la muñeca derecha como recordatorio de que Dios es uno y que el enlace entre Dios y el devoto es inquebrantable.

◆ *Kachera* son los pantaloncillos cortos tradicionales que se usan para mostrar que la persona está siempre lista para defender el sijismo.

miembros de la Khalsa deben usar las cinco K:

◆ *Kes* es la barba y el cabello sin recortar —signos de santidad y dedicación a Dios.

◆ *Kirpan* es una espada que

Creencias

Para los sij la meta final de la existencia del ser humano es la reintegración del alma humana con Dios. Es posible acercarse a esta meta mediante la actividad espiritual y disciplina, pero sólo se puede lograr por gracia de Dios.

Los diferentes aspectos de la fe sij están estrechamente entrelazados.

Dios

El primer verso del *Gurú Granth Sahib*, al que se le conoce como el *Mool Mantar*, es el cimiento de toda la religión sij y muestra que Dios es incognoscible, amorfo, sin cualidades y está por encima de toda descripción. De esto se desprende que Dios no puede asumir una forma humana. Sin embargo, la palabra de Dios, expresada por los gurús y especialmente el *Gurú Granth Sahib*, es la presencia de Dios en el mundo, especialmente en las profundidades del alma humana.

La búsqueda de la verdad

El sijismo enfatiza una relación estrechamente personal con Dios mediante la reactivación interior de la chispa divina en cada alma. Todas las personas deben descubrir a Dios por sí mismas —no hay sacerdotes en

> *Sólo hay un Dios, cuyo nombre es la verdad. Él es el creador omnipresente, sin temor, sin tiempo, sin forma. Está más allá del nacimiento y la muerte, es auto iluminado. Se le conoce por la gracia del Gurú.*
>
> EL MOOL MANTAR

REENCARNACIÓN

El sijismo conserva la creencia en la reencarnación y el karma. La liberación del ciclo de renacimientos se logra a través de la meditación en torno al nombre de Dios y por el servicio a los demás. El buen karma significa un renacimiento como ser humano, pero el mal karma conduce a un renacimiento como animal. Ser un *gurmukh* significa enfocar la totalidad del ser en Dios y en el camino de su gracia. Ésta es la única forma de ir más allá de la reencarnación hacia la liberación y la iluminación. El lugar de la liberación es el nirvana, una restauración de la unidad que alguna vez disfrutó el alma con Dios. La congregación con otros devotos para cantar himnos y oraciones puede acercar al devoto a este lugar.

Durante una boda sij la pareja camina varias veces alrededor del *Gurú Granth Sahib* en compañía de sus familiares, como un gesto de apoyo.

El sijismo considera iguales a hombres y mujeres y también trabaja para romper con las distinciones de clase. Tanto los hombres como las mujeres pueden oficiar las ceremonias sij.

el sijismo que actúen como intermediarios.

El Gurú Nanak dijo a sus seguidores que buscasen la verdad detrás de la religión y los sij identifican la verdad con Dios.

El *langar*, donde todos comen juntos los mismos alimentos, refuerza la enseñanza del *Gurú Granth Sahib* de que todos los seres humanos, hombres y mujeres, son iguales.

Las escrituras sij expresan la misma verdad al incluir himnos de los hombres sagrados del hinduismo y del islam.

El Gurú Nanak enseñó que la gente siempre debe conservar el nombre de Dios en sus mentes y corazones. Para lograrlo, los sij lo repiten día y noche. El Gurú Nanak llamó *Nam* a Dios ("nombre"). Cuando las personas meditan continuamente en *Nam* atraen la esencia de Dios a sus vidas.

155

Escrituras

La habitación en la que se ubica al *Gurú Granth Sahib* se llama gurdwara. Las escrituras se tratan con el mismo cuidado que a los diez gurús humanos.

El *Gurú Granth Sahib*, el "libro del gurú", yace en el centro de la devoción y la fe sij. Ocupa un sitio especial elevado (el *takht*) bajo un dosel en el gurdwara. El *granthi*, un funcionario del gurdwara, tiene la responsabilidad de cuidar el libro sagrado y se asegura que se respete al agitar un *chauri*, un abanico de pelo de cola de yac, sobre éste. El *Gurú Granth Sahib* se crema cuando es demasiado viejo y sus cenizas se esparcen

Al *Gurú Granth Sahib* se le honra de la misma forma que se honró a los diez gurús humanos. El lector agita el abanico sagrado o *chauri*, sobre el libro, para darle la atención que recibiría un gurú vivo en un clima cálido.

en un río cercano —una ceremonia digna de cualquier gurú humano.

El Japjsi Sahib

La clave para el *Gurú Granth Sahib* y para todas las enseñanzas sij es el *japsi Sahib*, que forma la primera sección del libro sagrado y fue escrita por el Gurú Nanak a finales de su vida. Es el único himno que no se canta. Los devotos sij lo recitan todas las mañanas y durante la preparación del *amrit* para la iniciación a la Khalsa.

> *Tan puro es el nombre de Dios que todos los que obedecen a Dios conocen el placer que éste deriva en su corazón.*
>
> JAPJI SAHIB

El *japji Sahib*, que comienza con el *mool mantar*, recalca las creencias sij fundamentales:

◆ Sólo hay un Dios que es la verdad eterna.

◆ Un ciclo de renacimientos gobierna la existencia humana en la que el karma decide el siguiente renacimiento.

◆ La salvación sólo se puede alcanzar después de que una persona medita acerca de Dios, repite el nombre divino y sirve a los demás.

EL 11º GURÚ

El *Gurú Granth Sahib* fué originalmente una antología llamada *Adi Granth*, compilada en 1604 por el Gurú Arjan. Este libro se puso en el *Harimandir*, el Templo Dorado, en Amritsar.

Gurú Gobind Singh, el último gurú humano, declaró que el libro santo era el 11º y último gurú y dio al libro su forma final. Los himnos y poemas en el *Gurú Granth Sahib* se acomodan en 31 divisiones, cada una comienza con el *Mool Mantar*, que se canta en los servicios de la mañana y de la tarde en el gurdwara. Gurú Arjan aportó la mayoría de los himnos (2,218), seguido por Gurú Nanak (974) y por Gurú Amar Das (907).

El templo

El templo, o gurdwara, es el lugar principal de veneración de todos los sij. Una copia del *Gurú Granth Sahib* debe estar instalada en el edificio para que se le reconozca como gurdwara.

A los sij se les inculca que rindan su devoción en grupo porque esto une a la comunidad. El Gurú Nanak enseñó el valor de la congregación cuando afirmó que la asociación con los que son buenos lo hace bueno a uno. Se reconoce fácilmente a un gurdwara por la bandera amarilla —el *Nishan Sahib*— en su exterior. La bandera muestra una espada de doble filo, la *khanda*, que representa la lucha contra los enemigos físicos y espirituales de la fe. Las dos espadas, o *kirpanes*, representan la autoridad de los diez gurús, en tanto que el círculo representa la unidad de Dios.

La bandera sij, el *Nishan Sahib*, siempre ondea fuera del gurdwara. Se reemplaza con una bandera diferente durante el festival de año nuevo.

Al interior de un gurdwara

El gurdwara se considera suelo sagrado y por eso los sij cubren sus cabezas —los hombres con turbantes y las mujeres con pañoletas de seda— y se quitan los zapatos antes de entrar. La habitación principal, o *diwan*, contiene al *Gurú Granth Sahib*, que está elevado sobre cojines y cubierto por un dosel. Esto es un recordatorio de que los diez gurús humanos enseñaron a sus seguidores desde una posición elevada. Todas las noches cinco *granthis* llevan el libro sagrado por encima de sus cabezas hasta otra habitación.

El *diwan* no tiene asientos, aunque puede haber muchas pinturas en las paredes. Las personas que asisten a las ceremonias religiosas se sientan con las piernas cruzadas sobre el piso, resaltando la enseñanza de que todos son iguales ante Dios y que mientras se permanezca al interior del gurdwara se está bajo la autoridad del *Gurú Granth Sahib*.

La compañía de quienes valoran al verdadero Dios que está en el interior convierte a los mortales en gente piadosa... El hombre se hace bueno con buenas compañías. Le ayuda buscar la virtud y le limpia de todos los vicios.

ADI GRANTH

Una ceremonia en el gurdwara con el *Gurú Granth Sahib* en el trono sobre cojines y bajo un dosel. La ceremonia consiste en lecturas e interpretaciones, himnos y ofrendas. Los devotos son libres de entrar y salir en cualquier momento durante las ceremonias.

Los gurdwaras originales eran modestos en apariencia para no atraer la atención de los gobernantes musulmanes, la mayoría tiene un diseño sencillo. En India permanecen abiertos desde el amanecer hasta el atardecer y los devotos pueden entrar en cualquier momento para escuchar una lectura del *Gurú Granth Sahib* o para orar. Todos pueden leer el libro sagrado, pero en los gurdwaras grandes se emplea un *granthi* especialmente capacitado para leer *gurmukhi* —el idioma en que está escrito el *Gurú Granth Sahib*.

Veneración

El gurdwara es el lugar donde el *sandhsangat*, congregación sij, se reúne todos los días para el *kirtan*, el canto devoto de himnos del *Gurú Granth Sahib*. Esta actividad es la base de la devoción sij.

Los devotos se reúnen en el gurdwara el día más conveniente, que generalmente es el domingo. Después de lavarse completamente en casa, hacen una pausa fuera del gurdwara para tocar el asta de la bandera y el escalón antes de tocarse la frente con la misma mano.

La ceremonia religiosa en el gurdwara puede durar varias horas y proporciona una oportunidad de leer y meditar las palabras del *Gurú Granth Sahib*. Aunque los sij pueden tener una copia del libro sagrado en casa, muchos no pueden cumplir con el requisito de conservarla sola en una habitación del segundo piso, así que la mayoría aprovecha esta oportunidad para estudiarla.

La música es una parte importante de la devoción sij. Cuando al Gurú Nanak se le hacía una pregunta, su respuesta a menudo era en forma de una canción.

UNA COMIDA COMUNITARIA

Después de la celebración, todos comen en el *langar*. Esta práctica fue instituida por el Gurú Nanak y reforzada por sus sucesores. Cualquier sij puede ayudar a preparar los alimentos, que son vegetarianos para evitar ofender a alguien. El valor simbólico del *langar* en la comunidad sij es considerado como una manifestación abierta de que todos son tratados como iguales ante la presencia de Dios —una creencia fundamental del sijismo.

El ideal sij de igualdad se demuestra en el *langar*, donde todos son bienvenidos a comer, sin importar su casta o estatus. Cada persona contribuye según su capacidad y toma según su necesidad. Todos los miembros de la comunidad toman turnos para preparar y servir alimentos.

Un punto importante de la ceremonia es cuando el *Gurú Granth Sahib* se abre al azar y se lee en voz alta un pasaje, comenzando en la esquina superior izquierda de la página. A esta lectura se le conoce como la voluntad de Dios, o el *hukam*.

La ceremonia concluye con el *Anand* del Gurú Ram Das, el epílogo de *Japji Sahib* del Gurú Nanak, un verso de un himno del Gurú Arjan y el *Ardas* —una oración que recita un miembro de la congregación. El *hukam* final deja a cada

devoto con un pensamiento de Dios para que lo lleven consigo hasta la semana siguiente.

Un alimento sagrado

Después de la ceremonia religiosa todos comen *karah parshad* en el *langar*. Este "alimento sagrado" se prepara antes de la ceremonia y se agita con un *kirpan* al concluir. La dulzura del alimento sagrado, una mezcla de harina de trigo, mantequilla, azúcar y agua recuerda a todos la dulzura de Dios. La comparte toda la gente, aun quienes no son sij, para demostrar que nadie sale de la casa de Dios con hambre.

> *Siempre que mi Sat Gurú [Dios] vaya y se siente, ese lugar es hermoso, Oh Señor Rey. Las disciplinas del gurú buscan su lugar y toman y aplican su polvo en sus frentes.*
>
> ADI GRANTH

Festivales y celebración

Los tres festivales principales sij —*Baisakhi, Divali* y *Hola Mohalla*— son tomados del hinduismo. Las celebraciones son *gurpurbs*, conmemoran acontecimientos en las vidas de los gurús.

El Gurú Amar Das introdujo los primeros festivales sij, en tanto que el Gurú Gobind Singh agregó el festival hindú de *Holi*, que actualmente los sij conocen como *Hola Mohalla*. Estos tres festivales se conocen como *melas* —"ferias". Sin embargo, en la actualidad los *gurpurbs* son las celebraciones más observadas, como muestra de regocijo por la vida de los diez gurús.

Festival de año nuevo

Baisakhi, que se celebra el día 13 de abril, es el inicio del año nuevo sij y, en el Punjab, coincide con la cosecha de trigo de primavera. En todo el mundo los sij lo relacionan con la inauguración de la Khalsa y, por ello, Baisakhi es el momento tradicional para reunirse con la fraternidad. El *Nishan Sahib*, el símbolo de la presencia sij en la comunidad que ondea fuera de cada gurdwara, se remplaza con una bandera diferente durante este festival.

Festival de las luces

Divali es el Festival de las luces durante el cual los gurdwaras permanecen iluminados para celebrar la llegada de la luz al mundo natural, pero también

EL SENDERO *AKHAND*

La parte central del *gurpurb* es el sendero *Akhand*, que consiste en la lectura continua de todo el *Gurú Granth Sahib* por 48 horas y el momento de concluir coincide con el inicio del *gurpurb*. En la página 1426 comienza una ceremonia especial que consiste en leer de ahí al final del libro sagrado y después los *japji*, seis versos del *Anand Sahib*, la oración *Ardas* y la distribución de *karah parshad*. Todos comparten un alimento durante las lecturas.

Miembros de la Khalsa en procesión en Kenia.

simbolizan la luz interior que guía al devoto a la unión con Dios.

> *No se deben celebrar festivales que no sean sij. Aunque se observe el mismo día lo hacemos a nuestra manera.*
>
> GURÚ AMAR DAS,
> TERCER GURÚ

El festival de *Hola Mohalla*

Hola Mohalla ("atacar o ser atacado") celebra la proeza militar de la comunidad sij en todo el mundo, con simulacros de batallas en Anadpur, en el Punjab. Guerreros tradicionales sij realizan competencias de lucha, arco y tiro al blanco.

Gurpurbs

Los *gurpurbs* conmemoran los nacimientos y decesos de los diez gurús. Los sij celebran tres *gurpurbs* en todo el mundo —los cumpleaños del Gurú Nanak y del Gurú Gobind Singh y el martirio del Gurú Arjan.

Amritsar

Aunque el Gurú Nanak no concedió ningún valor al peregrinaje espiritual, muchos sij viajan para ver el Templo Dorado en Amritsar. Éste es el centro del sijismo y el escenario de actos de veneración y lectura del *Guru Granth Sahib*.

Cuando se fundó el sijismo había 68 lugares de peregrinaje hindú, pero el Gurú Nanak no dio importancia a ninguno de ellos. Enseñó a sus seguidores a buscar el conocimiento de Dios por medio de la contemplación y la veneración en vez de asociarlo con algún lugar sagrado. La ciudad de Amritsar ("la piscina de néctar"), en el norte de India, se fundó en 1577 por el Gurú Ram Das que construyó un templo de ladrillo en ese lugar. El sitio fue rodeado por un lago sagrado que el Gurú Arjan extendió.

El Templo Dorado

A lo largo de la calzada elevada y a mitad del lago se encuentra el hermoso Templo Dorado (*Harimandir*) con versos del *Adi Granth* inscritos en la fachada. El templo tiene cuatro entradas —a diferencia de los templos hindúes y las mezquitas musulmanas— que simbolizan la creencia de que la casa de Dios está abierta a los

miembros de todas las castas. En vez de subir hacia el edificio, el devoto desciende al interior del Templo Dorado para demostrar su humildad ante Dios.

En el interior hay imágenes del Gurú Nanak con sus discípulos hindúes y musulmanes. Todas las

El *Harimandir*, e edificio central del complejo de Templo Dorado.

Vista a lo largo del pórtico (a la derecha) del Templo Dorado. Por encima de esta calzada hay un tesoro que contiene cuatro conjuntos de puertas doradas doseles con joya y las palas doradas que se usaron para cavar la piscina.

> *Si un hombre se lava en un lugar de peregrinaje con la mente y el cuerpo de un ladrón, su exterior por supuesto que será lavado, pero su interior se ensuciará el doble. Se limpiará como un calabacín, pero llevará veneno puro en su interior. Los santos son buenos incluso sin dichas abluciones. El ladrón sigue siéndolo aunque se bañe en los lugares de peregrinaje.*
>
> *ADI GRANTH*

mañanas cinco sij llevan al *Gurú Granth Sahib* sobre sus hombros en un cofrecito plateado a lo largo de la calzada elevada hasta el Templo Dorado. Lo colocan sobre un cojín bajo un dosel. Durante las horas con luz del día, se leen versos del libro sagrado en forma continua. Al caer la noche, se regresa a su lugar donde se guarda hasta el día siguiente.

A principios del siglo XIX el Maharajá Ranjit Singh reconstruyó el templo de Amritsar en mármol, lo recubrió con cobre bruñido y revistió su interior con piedras semipreciosas. A partir de entonces se le conoce como Templo Dorado.

El sijismo en la actualidad

Aunque el sijismo se ha expandido en el mundo, principalmente en Norteamérica y Gran Bretaña, se le asocia con el lugar donde surgió, el Punjab.

A principios del siglo XIX, los valores religiosos sij en India habían sido sobrepasados por la cultura hindú dominante. Sin embargo, al acercarse el fin del siglo, el trabajo de los misioneros hindúes y cristianos en el Punjab obligaron a los sij a tomar la ofensiva. Se establecieron pequeños grupos para educar a los sij en su fe, al igual que escuelas en las que el *Gurú Granth Sahib* desempeñaba un papel importante. La Ley Sij Gurdwara de 1925 ponía en manos del comité la responsabilidad de cuidar de los santuarios sij. El comité decidió que el sijismo había sido diluido por sus estrechos nexos con el hinduismo y dirigió un movimiento de regreso al sijismo "puro".

El sijismo como religión mundial

En 1947, el Punjab, tierra natal del sijismo, se dividió y 2 600 000 sij procedentes de la parte del Punjab que estaba controlada por Pakistán se mudaron a India. Aunque 80

El espíritu comunitario caracteriza al sijismo. La fotografía muestra hombres y mujeres trabajando en la construcción de un templo.

por ciento de los sij todavía vive en el Punjab, empezaron a considerar su religión como mundial y no local. Muchos sij abandonaron su país natal para establecerse en los Estados Unidos, donde la comunidad sij alcanza los 350 000 adeptos. Aunque normalmente no es una religión misionera, una característica de la comunidad estadunidense es el número de "sij blancos (gora)".

Estos conversos han adoptado la vestimenta y el estilo de vida del Punjab y educan a sus hijos según las normas sij.

Los hombres sij llegaron a Gran Bretaña en busca de trabajo, y dejaron atrás a sus esposas e hijos mientras se establecían. La mayoría se instaló en grandes comunidades tanto dentro como alrededor de ciudades como Londres, Birmingham, Leicester y West Yorkshire. Se han abierto más de 150 gurdwaras para cubrir las necesidades espirituales y sociales de estas comunidades. Aunque los primeros gurdwaras sij de Gran Bretaña se abrieron en 1911, el principal flujo de sij tuvo lugar en la década de los cincuenta y principios

de los sesenta. La comunidad sij actualmente es de alrededor de 500 000 personas.

Dichas comunidades se enfrentaron, y siguen enfrentándose, a muchos problemas. Muchos sij han desechado elementos de su forma tradicional de vida que los marcaron como distintivos —el cabello largo, turbantes y barba, entre otros. Se han presentado conflictos entre las generaciones, en especial en torno a la tradición de los matrimonios arreglados. Han surgido diferencias religiosas sobre si las ceremonias en los gurdwaras se deben seguir celebrando en punjabi o en la lengua vernácula de la mayoría de los devotos. Es cierto que cada vez son menos los sij fuera del Punjab que aprenden la lengua de sus ancestros y esto lleva a que se respete menos al *Gurú Granth Sahib*.

> *La verdad es la mayor de las virtudes, pero es todavía mayor la vida dentro de la verdad.*
>
> ADI GRANTH

SIJISMO

Muchas religiones usan las velas como símbolos de luz que brilla en la oscuridad.

OTRAS RELIGIONES EN EL MUNDO

Confucianismo

170

Taoísmo

172

Zoroastrismo

174

Sintoísmo

176

Bahaísmo

178

Confucianismo

Las enseñanzas de Confucio constituyen el flujo
principal de la filosofía china de los últimos 2 000
años. A pesar de décadas de dominio comunista y la
Revolución Cultural (1966-69), su influencia en
China es considerable.

En términos estrictos, el
confucianismo no es una
religión, sino un código de ética,
una forma de vivir en la tierra.
Este código moral fue
establecido por Kung Fu-tzu
(*c.* 551-479 a.e.c.), mejor
conocido como Confucio.

Enseñanzas

Confucio enseñó que el Cielo
y la Tierra estarían en armonía
si obedecieran a quienes están
por encima de ellos y trataran
con justicia a quienes están
por debajo. En la sociedad
jerárquica perfecta, los hijos
deben obedecer a sus padres,
las esposas a sus maridos, el
pueblo al emperador y éste al
cielo. La única relación de
igualdad es la que se da entre
amigos. La felicidad de la
sociedad sólo se puede
garantizar si se reconoce esta
jerarquía.

Confucio enseñó que la
familia satisfecha es el único
cimiento de un mundo
armonioso. Se espera que los
padres enseñen virtudes y

Un relato tradicional chino ilustra la piedad filial. Un obediente muchacho, preocupado de que a sus padres les picaran los mosquitos, durmió desnudo sin cubrirse para animar a los mosquitos a que se alimentaran de él y no de sus padres.

obligaciones a sus hijos, quienes crecerán respetándolos. Dicho respeto involucra la obediencia y la aceptación incuestionable de la autoridad paterna. La veneración a los ancestros es una expresión de obligación filial y deferencia necesarias para una sociedad coherente. El honor que se ofrece a los padres en esta vida debe continuar después de la muerte.

Yin y yang

Para el confucianismo, todo en el universo está hecho de dos principios opuestos: yin (femenino) y yang (masculino).

> *Mientras [los padres] estén vivos atiéndelos según el ritual; cuando mueran sepúltalos según el ritual y sacrifícate por ellos según el ritual.*
>
> CONFUCIO, EXTRACTOS 2.5

Los principios opuestos del yin y el yang deben estar equilibrados para que se mantenga la armonía del universo.

Las cualidades femeninas son receptivas y de entrega, mientras que las cualidades masculinas son activas e inflexibles. Para que exista armonía personal y social, estos elementos deben estar en equilibrio. Un emperador mantiene el equilibrio entre el yin y el yang en su reino de forma automática si venera a sus ancestros que están en el Cielo y recibe la aprobación de ellos. Lo anterior da como resultado buenas cosechas, prosperidad general y felicidad extensa.

Sacerdotes que celebran rituales *Chongmyo* en un templo de Corea del Sur. Recientemente, en Corea se han intentado reforzar los valores del confucianismo ante la occidentalización de la sociedad.

RITUALES Y VENERACIÓN

El confucianismo enseña que toda conciencia termina con la muerte. Toda persona tiene la obligación de reverenciar a sus ancestros y para ello existen santuarios especiales, ya sea en el hogar o en el templo, donde se presentan las ofrendas. Sin embargo, se cree que esta vida es la más importante, por lo que los confucianistas conmemoran acontecimientos tales como el nacimiento, la muerte y, especialmente, el matrimonio.

Taoísmo

Los seguidores del taoísmo siguen un camino espiritual, o tao, establecido por los antiguos pensadores chinos. Sin embargo, el tao es más que un camino —es la fuente de todo lo que existe en el mundo.

Aunque sus raíces se pueden trazar probablemente en el año 2000 a.e.c., lo cual la convierte en la religión más antigua de China, el taoísmo surgió hacia finales del siglo I e.c. Toma su nombre del chino que significa "camino" —tao. El tao es la fuerza primordial del universo que está presente en todas las cosas y sin embargo es mayor que todas las cosas, el centro de todo en el Cielo y la Tierra, eterno e inmutable. Sin embargo, desde el nacimiento del taoísmo, el tao ha venido a indicar un camino espiritual. El taoísmo se basa no sólo en elementos de la tradición tao, sino también del budismo y confucianismo.

> El tao del que se puede dar cuenta no es el tao eterno. El nombre que se puede pronunciar no es el nombre eterno. Lo indefinido es el principio del cielo y de la Tierra... La puerta a todo el misterio.
>
> LAO TSÉ, *TAO TE KING*

La energía de la vida

Como en el confucianismo, dos fuerzas naturales, el yin (lo femenino) y el yang (lo masculino), crean la energía de la vida a través de su interacción. Uno no puede existir sin el otro. No puede haber oscuridad sin la luz, movimiento sin inmovilidad o belleza sin fealdad. La tensión dinámica entre el yin y el yang crea la Trinidad —Cielo, Tierra y humanidad. El Cielo y la Tierra son los reinos espiritual y físico, en tanto que la humanidad mantiene el equilibrio entre ambos. Este equilibrio se puede perturbar con las malas acciones de los seres humanos, y los taoístas buscan el perdón por medio de oraciones y ofrendas.

El *chi*, la energía de la vida o aliento del universo, hace posible toda la vida. Este aliento está en todos los seres y cosas desde el nacimiento hasta la muerte y por eso se extingue con la vida. Para conservar el *chi* se hacen varios ejercicios de respiración y yoga, en búsqueda de la inmortalidad.

Sólo mediante una vida equilibrada se puede mantener un flujo constante del *chi* en el cuerpo.

Dioses y diosas

Antes de que los comunistas tomaran el poder en China en 1949, casi todos los hogares chinos tenían sus propias deidades. Aunque el comunismo eliminó la mayor parte de esta "superstición", regresó en la década de los setenta cuando se reabrieron los templos y se volvieron a colocar estatuas. Aunque las deidades más populares del taoísmo moderno cubren la mayoría de los temas prácticos como la salud, la riqueza y el nacimiento de los hijos, también han resurgido Los Tres Castos del taoísmo:

◆ T'ai-Shang Tao-chun (augusto antiguo soberano), que a menudo se le relaciona con el legendario Lao-Tzu.
◆ T'ai-lao Tao-Chun (augusto soberano del tao).
◆ Yu-Huang (emperador jade señor en las alturas).

Al dar a los dioses un ambiente que imitaba las cortes de los gobernantes, el Cielo se hacía accesible a los fieles ordinarios.

Los festivales anuales son esenciales al taoísmo porque reflejan la renovación continua del cosmos. Esta renovación se celebra todo el año, pero en especial durante el invierno. La mayoría de festivales taoístas también celebran el nacimiento de un Dios o ser celestial.

Zoroastrismo

La antigua religión persa del zoroastrismo enseña que la totalidad de la existencia está atrapada en la lucha constante entre los dioses del bien y del mal.

El zoroastrismo se basa en las enseñanzas de Zaratustra, profeta persa que en Occidente se conoce como Zoroastro. Las fechas sugeridas de su nacimiento varían entre los años 1200 y 600 a.e.c., pero una fecha probable es alrededor del año 1000 a.e.c. En la actualidad el zoroastrismo tiene aproximadamente 200 000 seguidores; las principales comunidades se encuentran en Irán e India.

Zoroastro y sus enseñanzas

Zoroastro era un sacerdote en funciones y sus enseñanzas se conservan en 17 himnos —los *Gatnas*. Fundidos en formas poéticas esotéricas que los hacen difíciles de traducir,

> *Existen dos espíritus principales, gemelos en conflicto.*
> *En pensamiento, palabra y acciones son el bueno y el malo.*
> ZOROASTRO, *YASNA* 30.3

estos himnos se derivan de la convicción de Zoroastro de que había visto a Dios, el sabio señor Ahura Mazda, en una visión. El zoroastrismo venera a Ahura Mazda en "templos de fuego", donde arde un fuego sagrado en forma continua como símbolo de la deidad. Los zoroastristas creen que Ahura Mazda creó al mundo y es completamente bueno en su trato con la humanidad. Su gemelo, Angra Mainyu, es el Dios de la oscuridad y la

El sabio señor Ahura Mazda, que apareció en las visiones de Zoroastro, se reveló como un generoso soberano y un amigo de todos.

Un templo de fuego del siglo XVII en Azerbaiyán. Los zoroastristas han adorado el fuego desde los primeros tiempos porque simboliza la presencia de Ahura Mazda.

destrucción, el creador de la no vida que produce tormentas, plagas y monstruos como parte de su lucha con su hermano. Este dualismo yace en el centro del zoroastrismo.

El destino eterno de cada persona está determinado por la opción que tome entre Ahura Mazda y Angra Mainyu —una elección directa entre el bien y el mal. El bueno disfruta de felicidad personal en su vida y va al cielo, pero el malo experimenta lo opuesto. Los zoroastristas mantienen firmes creencias en una resurrección, el juicio final, los tormentos del infierno y las delicias del Cielo. Estas creencias tienen claro eco en la escatología del judaísmo, el cristianismo y el Islam. Casi con certeza, los Tres Reyes Magos que siguieron la estrella desde el oriente hasta llegar con el Niño Jesús eran zoroastristas.

EL SACERDOTE

El sacerdocio zoroastrista es hereditario. Familias de sacerdotes, que tradicionalmente son los depositarios del conocimiento religioso, lo han mantenido por siglos. Durante la iniciación, el aspirante al sacerdocio viste un cordón sagrado, reminiscencias del hinduismo, y una túnica blanca para simbolizar la batalla constante que se debe librar contra el mal y la oscuridad.

Sintoísmo

El sintoísmo refleja la geografía y cultura de Japón así como el orden y el caos del mundo natural.

El sintoísmo es nativo de Japón y significa el "camino de los dioses". Se nombró en el siglo VI para distinguirlo del budismo y confucianismo, que eran importaciones recientes.

La veneración del *kami* —innumerables dioses o espíritus— se encuentra al centro del sintoísmo y tiene lugar ya sea en el hogar o en santuarios públicos. Japón se jacta de tener miles de estos santuarios que dan servicio a la mayoría de los diez millones de seguidores del sintoísmo.

El origen preciso del sintoísmo se ha perdido en el tiempo. Sin embargo, es importante para muchos japoneses modernos que visitan los santuarios para pedir la bendición de un *kami* en diversos aspectos de la vida.

RITUALES

En los santuarios sintoístas los sacerdotes presiden los rituales diseñados para alabar a un *kami* en particular y enumerar su apoyo. Los devotos deben purificarse las manos y boca con agua antes de rendir culto. Se presenta una ofrenda cuya forma es la "imagen de un caballo", porque creen que los caballos son mensajeros de los dioses. A menudo se dejan amuletos que llevan los nombres de los dioses como ofrendas. Los bebés se ofrecen en los santuarios cuando cumplen 13 días de nacidos y también se celebran ahí las bodas. Sin embargo, los funerales todavía se celebran según los rituales budistas.

Dioses, diosas y espíritus

Se cree que existen alrededor de 80 millones de *kami* en Japón, pero se ha dado más importancia a algunos en los aproximadamente 100 000 santuarios activos. Amaterasu, la diosa del sol, es el *kami* principal porque rige el cielo. Se dice que Amaterasu enseñó a los japoneses a cultivar el arroz e inventó el tejido en telar. Se le venera como un ancestro porque se cree que envió a su nieto, Ninigi, a fundar la línea imperial del país.

Tenman es venerado como el Dios del aprendizaje y sus santuarios son populares entre los estudiantes que hacen oración para lograr éxito en sus exámenes.

Hachiman era originalmente el Dios de los agricultores, pero, hacia el siglo XII, se convirtió en el *kami* de la guerra y los guerreros. En Japón existen tres santuarios principales dedicados a Hachiman —en Usa, Kyoto y Kamakura.

El Dios del arroz, Inari, está asociado con la fertilidad y la prosperidad. Generalmente se colocan estatuas en piedra de zorros, los mensajeros, en la entrada de los santuarios.

Festivales

En el sintoísmo hay diversos festivales y se celebran por razones ancestrales, purificadoras, exorcizantes y agrícolas. Los principales festivales se celebran en Año Nuevo, en la época de la siembra del arroz y durante la cosecha de otoño. La primavera y el otoño son las estaciones para honrar a los ancestros y visitar sus tumbas. Durante el festival, a menudo se lleva por las calles al *kami* sobre un santuario portátil para asegurar que visita la comunidad para protegerla.

177

Bahaísmo

El bahaísmo surgió del Islam y es una de las religiones más recientes del mundo. Presenta una visión mundial de paz y amor en la sociedad, gobernada por principios religiosos universales.

Sayyid' Ali Muhammad (1819-50), un joven musulmán chiíta, se declaró el primero de una nueva línea de profetas originaria de Mahoma y se autonombró Bab, que significa "la entrada a Dios". En 1848 los babis, como se les conoce a los seguidores de Bab, declararon su independencia del Islam y empezaron a luchar en contra de las autoridades persas. El Bab fue acusado de conspirar contra el Sha de Persia y fue ejecutado en 1850.

Bahaullah

Mirza Husayn Alí nació en Persia en 1917 y fue un prominente defensor de Bab. Después de la muerte de Bab, Husayn Alí fue arrestado y enviado a prisión, donde tuvo una experiencia mística que le reveló que él era "a quien se manifestaría Dios". Cuando en 1863 dijo a sus amigos más cercanos que era el nuevo profeta de Dios, se le conoció como Bahaullah, "la gloria de Dios"; ya había sido exiliado por las autoridades persas que lo percibían como una amenaza. Durante el destierro escribió muchos de los textos bahai.

Abdul Baha, hijo de Bahaullah. Con la creencia de que la humanidad es cada vez más madura, padre e hijo escribieron sus revelaciones, que según los bahai están por encima de las figuras principales de otras religiones del mundo.

Enseñanzas bahai

Los bahais creen que Dios, trascendente e incognoscible, ha enviado a muchos profetas o mensajeros para iluminar a la humanidad. Cada uno —incluyendo a Krishna, Buda, Cristo y Mahoma— ha fundado una religión. Sin embargo, sus mensajes han sido rebasados por las revelaciones escritas de Bahaullah y su hijo y sucesor, Abdul Baha. De gran importancia para la enseñanza bahai es la creencia de que la raza humana debe alcanzar la madurez mediante el rechazo de cualquier orden mundial que

La comunidad mundial de los bahai está dispersa en más de 200 países y se cree que suma un total de siete millones de seguidores. En cuanto a la dispersión geográfica de sus miembros, ocupa el segundo lugar tras el cristianismo.

> *El bahaísmo sostiene la unidad de Dios, reconoce la unidad de sus profetas e inculca el principio de unicidad y totalidad de toda la raza humana.*
>
> SHOGHI EFFENDI

dependa de una multitud de naciones y religiones. El mundo puede, y debe, ser verdaderamente uno, congregado bajo las revelaciones espirituales de Bahaullah.

Veneración

La oración es vital para el bahaísmo como lo es para el Islam y se practica a diario, generalmente en el hogar. Se han publicado colecciones de oraciones de Bahaullah y Abdul Baha. Hay tres oraciones obligatorias, una de las cuales se recita todos los días. La oración se hace mirando hacia la tumba de Bahaullah en Acre, Israel.

El bahaísmo tiene un estricto código de conducta que se basa en el *Kitab I Aqdas*, un libro de leyes entregado por Bahaullah. El mes de ayuno de Alá (marzo 2-21) es obligatorio. Está estrictamente prohibido tomar drogas y beber alcohol, lo mismo que el sexo premarital y el adulterio. El matrimonio es altamente valorado.

La casa de veneración bahai en Delhi, India. En cada uno de los principales continentes se ha construido una casa de veneración. Se pretende que sean centros de oración para la gente de todos los credos y cada una tiene nueve entradas que simbolizan las nueve religiones principales.

Glosario

A

abad (C): hombre tradicionalmente designado para dirigir una comunidad monástica.

adhan (I): llamada a la oración que el almuédano de cada mezquita hace cinco veces al día.

Abhimdhamma Pitaka (B): comentario acerca del *sutta pitaka*.

Abraham (J): patriarca israelita que se cree fue antecesor de todos los judíos; los musulmanes lo aceptan como profeta.

absolución (C): el pronunciamiento del sacerdote al momento del perdón de los pecados.

Abu Bakr (I): primer califa; sucesor de Mahoma (632 -34 e.c.).

Abu Talib (I): tío de Mahoma que lo crió después de que quedó huérfano.

Adi Granth (S): "primer libro"; escrituras sagradas compiladas por el Gurú Arjan.

Adviento (C): "llegada" el inicio del año cristiano; tiempo de penitencia que culmina en la Navidad.

Aga Khan (I): líder de los ismaelíes.

Ahura Mazda (Z): el señor sabio, un Dios de bondad total, el opuesto de Angra Mainyu.

Alá (I): nombre del ser supremo al que adoran los musulmanes.

Aleinu (J): oración que se recita al final de cada ceremonia religiosa en la sinagoga.

al-Fatiha (I): el sura con que empieza el corán.

almuédano (I): hombre que convoca a los musulmanes a la oración cinco veces al día mediante el canto del *adhan* desde el minarete.

altar (C): mesa de piedra delante de la pared orientada al este en una iglesia; plataforma detrás de la cual se celebra la comunión.

Amaterasu (Sh): un *kami*, diosa del sol que gobierna el Cielo.

Amidah (J): "de pie"; serie de 18 bendiciones.

amrit (S): "néctar sagrado"; agua azucarada que se usa en las ceremonias religiosas.

Amritsar (S): ciudad sagrada en el Punjab, al norte de la India; sede del Templo Dorado.

Anand (S): composición del Gurú Das Das.

Anand Sahib (S): composición del Gurú Ram Amar, incluida en el *Adi Granth*, que se usa en la ceremonia de *karah parshad*.

Ángel Gabriel (I): mensajero de Dios que se apareció a Mahoma; también se le conoce como Ángel Jibreel.

Anglicana Iglesia (C): Iglesia de Inglaterra y otras iglesias episcopales en comunión completa con la diócesis de Canterbury.

Angra Mainyu (Z): Dios de la oscuridad que se opone a Ahura Mazda.

anicca (B): doctrina de impermanencia, que se sostiene como una de las características de todas las cosas.

annata (B): creencia de que no existe realidad subyacente a las apariencias y por lo tanto no existe el yo o el alma permanente.

Antiguo Testamento (C): libros de las escrituras judías incluidos en la Biblia cristiana.

antisemitismo (J): actitud de prejuicios contra el pueblo judío.

Anyesti (H): decimosexto y último samsara relacionado con los rituales funerarios.

Apócrifos (C): "oculto"; libros que se escribieron después del Viejo Testamento y que se incluyen en algunas biblias.

apóstol (C): "enviar"; nombre usado por los discípulos de Jesús después del día de Pentecostés.

aqiqah (I):ceremonia en la que se rapa la cabeza del bebé y el peso equivalente del cabello se da en oro o plata a los pobres.

arca (J): estante en la sinagoga donde se guardan los rollos de la Torá.

Ardas (S): oración formal que es parte de una ceremonia religiosa devota.

arti (H): ofrenda de luz durante el *puja*.

Asalha (B): estación lluviosa, durante la cual se cree que Buda enseñó el Dharma a los dioses en el Cielo.

Ascensión día de la (C): día en que se celebra que Jesús subió al Cielo.

atman (H): el alma o el yo.

vatar (H): "el que desciende"; e relaciona con la creencia de que Visnú se ha encarnado nueve eces, dos de ellas como Rama y Krishna.

Ave María (C): oración católico-romana a la Virgen María.

Avenida de los Justos (J): línea de árboles en Yad Veshem, cada uno representa a un gentil que ayudó a salvar la vida de un judío durante el Holocausto.

yah (I): un verso del corán.

B

Bahai (Ba): seguidor del bahaísmo.

Baisakhi (S): festival en el que se celebra el nacimiento de Khalsa en 1699.

Bar mitsvá (J): "hijo de los mandamientos"; ceremonia que marca la entrada a la mayoría de edad de un niño judío a los 13 años de edad.

Bat hayil (J): "hija de valor"; ceremonia ortodoxa de la entrada a la mayoría de edad de las jóvenes a los 12 años de edad.

Bat mitsvá (J): "hija de los mandamientos"; ceremonia de las sinagogas reformistas que marca la entrada a la mayoría de edad de un niña judía a los 12 años de edad.

bautismo (C): ritual de iniciación de la mayoría de iglesias cristianas.

bautismo a los infantes (C): práctica de muchas iglesias que consiste en bautizar a los bebés.

bautismo del devoto (C): bautismo a los adultos que se practica principalmente en las iglesias bautistas como respuesta a la fe en Cristo.

Bhagavad-Gita (H): 'el canto del Señor'; la escritura hindú más popular que data del cuarto o tercer siglo anterior a la era común.

bhajan (H): himno que se recita como parte del *puja*.

bhakti (H): "devoción"; actitud de amor hacia Dios que crece en ardiente devoción.

bhikku (H): monje o monja.

Biblia (C): "libro"; colección de escritos sagrados que muchos creen es obra de inspiración divina.

bimá (J): escritorio o plataforma en la sinagoga desde la cual se lee la Torá.

bismillah (I): "en el nombre de Dios, el compasivo, el misericordioso"; el inicio de toda sura menos una del Corán.

bodhi árbol (B): árbol debajo del cual Siddhartha Gautama se convirtió en Buda, el "iluminado".

Bodhisattva (B): un ser que alcanza la iluminación pero permanece en la Tierra para ayudar a los demás seres a alcanzar el mismo estado.

Brahma (H): Dios creador, primer miembro del *trimurti*; que también incluye a Visnú y Siva.

brahmán (H): el espíritu supremo, el absoluto.

brit milah (J): ceremonia de la circuncisión.

Buda (H): "iluminado"; título asumido por Siddhartha Gautama después de su iluminación.

budista (H): seguidor del budismo.

C

califa (I): "sucesor"; título de los líderes del Islam que siguieron a Mahoma, de los cuales Abu Bakr fue el primero.

Camino Intermedio (B): el camino marcado por el Buda que evita los extremos del ascetismo y la indulgencia.

carismático movimiento (C): movimiento que se basa en una creencia común en la experiencia extraordinaria del Espíritu Santo que ha llevado a la renovada libertad de culto en muchas iglesias.

challah (J): hogaza de pan blanco con levadura en forma de trenza para celebrar el Shabbat.

chauri (S): vara ceremonial hecha a partir de pelo del rabo de un caballo blanco o un yac con una manija de madera o de plata y que se agita sobre el *Gurú Granth Sahib* en el gurdwara.

chevra kadisah (J): grupo en cada sinagoga que cuida a la gente antes y después de la muerte.

Chi (T): energía vital que inunda y permite todas las cosas.

chuppah (J): pabellón bajo el que se celebran las ceremonias de boda y que simboliza el hogar que la pareja formará.

Cinco Fieles (S): *panj piares.*

Cinco K (S): los símbolos que usan los sij que han sido iniciados en la khalsa.

Cinco Pilares del Islam (I): las cinco creencias fundamentales del Islam.

Cinco Preceptos (B): guías morales.

comunión (C): sacramento que conmemora la muerte de Jesús, basado en la Última Cena.

confesionario (C): cubículo en muchas iglesias católicas donde el sacerdote escucha la confesión de los fieles.

confirmación (C): ceremonia de la Iglesia Episcopal y otras iglesias por medio del cual una persona "confirma" los votos que otros hacen en el momento de ser bautizados siendo niños.

confuciano (Con): seguidor del confucianismo.

Confucio (Con): forma latina del nombre de Kung Fu-tzu, el erudito y filósofo chino.

contemplativa orden (C): comunidad religiosa aislada del mundo, cuyo énfasis es el silencio, la oración y el estudio.

convento (C): edificio donde viven, trabajan, estudian y rezan las monjas.

Corán (I): libro sagrado del Islam que registra las revelaciones dadas a Mahoma por el ángel Gabriel.

Credo (C): "Creo"; afirmación de los dogmas de fe.

Credo de los apóstoles (C): afirmación de fe, probablemente una confesión a la hora del bautismo que data de finales del siglo II.

credo niceno (C): afirmación de fe establecido por el Consejo de Nicea en 325 e.c.

cristiano (C): seguidor de Jesucristo.

crucifixión (C): método romano de ejecución por el cual murió Jesús.

cuáqueros (C): movimiento formado por George Fox en el siglo XVII que enfatiza la no violencia y el silencio en la veneración, también se llama "sociedad de amigos".

cuaresma (c): cuarenta días de contrición antes de la pascua.

cuatro califas virtuosos (I): nombre que dan los musulmanes sunnitas a los primeros cuatro líderes musulmanes posteriores a Mahoma. Los musulmanes chiítas no reconocen a los tres primeros califas.

cuatro nobles verdades (B): el conocimiento del sufrimiento, la fuente del sufrimiento, la eliminación del sufrimiento y la forma de eliminar el sufrimiento.

D

Dalit (H): "los oprimidos"; personas que no pertenecen a ninguna casta en la India.

darshan (H): estar en la presencia de Dios.

diácono (C): la más baja de las tres órdenes del ministerio de la Iglesia que está por debajo del obispo y del sacerdote.

Día de la Redención (J): Yom Kippur; el día más solemne del año judío.

Día del Juicio (I): el día en que Alá juzgará a cada musulmán según sus acciones.

Día de Pentecostés (C): festival que celebra el día en que Dios dio los Diez Mandamientos a Moisés en el Monte Sinaí; día en que bajó el Espíritu Santo sobre la primera Iglesia.

Diez gurús (S): maestros y líderes espirituales, el primero de ellos fue el Gurú Nanak, el

fundador de la fe, y el último fue el Gurú Gobind Singh, el último gurú humano.

Diez Mandamientos (C, J): leyes que Dios entregó a Moisés en el monte Sinaí.

Divali (S): festival de las luces; festival de año nuevo.

Divina Liturgia (C): término de la Iglesia Ortodoxa para referirse a la ceremonia en la que se incluye el sacramento de la comunión.

diwan (S): "corte real"; habitación principal del gurdwara; acto de veneración.

Domingo (C): día sagrado reservado para venerar a Dios.

Domingo de Pentecostés (C): festival que celebra la entrega del Espíritu Santo a los apóstoles durante Pentecostés.

Domingo de Ramos (C): día al principio de la Semana Santa que celebra la entrada triunfal de Jesús en Jerusalén sobre un burro.

du'a (I): oración privada.

dukkha (B): 'sufrimiento'; primer de las cuatro nobles verdades.

E

encarnación (C): creencia de que Dios nació como humano en la forma de Jesús.

Epifanía (C): 'manifestación'; festival del seis de enero que celebra la aparición de Jesús en el mundo.

Episcopal Iglesia (C): Nombre que se le da a la Iglesia Anglicana en los Estados Unidos, Canadá y Escocia.

Escritos (J): tercera parte del *Tanaj*, después de la Torá y el

Libro de los Profetas; también se le llama *Ketuvim*.

Espíritu Santo (C): el tercer miembro de la trinidad; Dios activo en el mundo en nuestros días.

Estado de Israel (J): establecido en 1948.

estera de oración (I): tapete que se usa durante la oración en la mezquita.

Eucaristía (C): "acción de gracias"; nombre alternativo para la comunión que a menudo usan los anglicanos.

evangelio (C): "buenas nuevas" de Jesús.

Evangelios (C): cuatro libros incluidos en el Nuevo Testamento que describen la vida y las enseñanzas de Jesús.

éxodo (J): época en que Moisés guió a los israelitas fuera de la esclavitud en Egipto hasta la libertad en la Tierra Prometida de Canaán.

extremaunción (C): el ungimiento de los enfermos y moribundos, uno de los siete sacramentos de la Iglesia Católica Romana, actualmente se le llama "unción de los enfermos".

F

Festival del Diente Sagrado (B): festival relacionado con una reliquia del Buda, en Kandy, Sri Lanka.

filacteria (J): igual que tefillín.

flor de loto (B): posición básica en la meditación yoga.

fuego altar de (H): altar en el que se ofrece el fuego a un Dios.

fuego templo del (Z): lugar donde el fuego arde en forma continua.

G

Ganesha (H): Dios cabeza de elefante, hijo de Siva y Parvati. Dios de la sabiduría y de la buena suerte.

garbhagrha (H): habitación interior del templo, la parte más sagrada donde se encuentra instalada la imagen del Dios.

Gatnas (Z): diecisiete himnos que preservan las enseñanzas de Zoroastro.

Gautama Siddhartha (B): príncipe que se convirtió en el Buda por medio de la iluminación.

Gentil (J): una persona que no es judía.

ghat (H): escalones que conducen al río; lugar de asentamiento.

granthi (S): hombre o mujer que cuida al *Gurú Granth Sahib* en un gurdwara; sus obligaciones incluyen las lecturas de las escrituras y la recitación de oraciones.

Guemará (J): "perfeccionamiento"; comentario de la Misná incluido en el Talmud.

gurdwara (S): "la puerta del Gurú"; templo o edificio que se usa para actos colectivos de veneración.

gurmukh (S): persona cuya vida está inspirada por las enseñanzas de los gurús.

Gurmukhi (S): "de la boca del gurú"; documento sagrado a cargo del Gurú Angad; idioma del *Gurú Granth Sahib* que puso estas escrituras al alcance de todos.

gurpurb (S): festival que conmemora el nacimiento o muerte de un gurú.

gurú (H): hombre, mujer o maestro santo.

Gurú Amar Das (S): tercer gurú que instituyó ceremonias y festivales distintivos así como lugares de peregrinaje.

Gurú Angad (S): segundo gurú, escogido para ser sucesor del Gurú Nanak en vez del hijo de este último.

Gurú Arjan (S): quinto gurú, constructor del Templo Dorado en Amritsar (el *Harimandir*); el único gurú convertido en mártir.

Gurú Gobind Singh (S): décimo y último gurú, responsable de la formación de la khalsa.

Gurú Granth Sahib (S): libro sagrado que contiene el *Adi Granth* y otras escrituras; declarado el onceavo gurú por el Gurú Gobind Singh.

Gurú Har Gobind (S): sexto gurú.

Gurú Har Krishan (S): octavo gurú.

Gurú Har Rai (S): séptimo gurú.

Gurú Nanak (S): primer gurú y fundador de la comunidad sij; sus enseñanzas están contenidas en el Gurú Granth Sahib.

Gurú Ram Das (S): cuarto gurú recordado por haber fundado la ciudad sagrada de Amritsar.

Gurú Tegh Bahadur (S): noveno gurú.

Gyatri Mantra (H): verso más sagrado del *Rig Veda*, repetido por los hindúes al levantarse, al mediodía y antes de ir a dormir.

H

Hachiman (Sh): *kami* de Guerra.

Haggadá (J): "relatar"; libro que se usa durante el séder en la Pascua Judía para contar cómo fue el éxodo de Egipto.

Hajar (I): esposa del profeta Ibrahim, madre de Ismael, conocida en las tradiciones judía y cristiana como Hagar.

Hajj (I): el peregrinaje a La Meca; uno de los cinco pilares del Islam.

hajjah (I): mujer que completó el peregrinaje a La Meca.

hajji (I): hombre que completó el peregrinaje a La Meca.

halal (I): cualquier alimento que se le permite comer a un musulmán.

Hanuká (J): festival de ocho días que celebra la victoria de Judas Macabeo sobre Antíoco IV, también llamado el festival de las luces.

Hanuman (H): personaje principal del *Ramayana*, rey-mono que ayudó a rescatar a Sita de Ravana del reino de Lanka.

haram (I): cosas que no se permite comer a un musulmán.

Harijans (H): "intocables"; el quinto y más bajo grupo de la sociedad hindú.

Harimandir (S): "templo de Dios"; adscrito a varias ermitas sij, particularmente al Templo Dorado.

Hasidismo (J): movimiento del siglo XVII que enfatizó el valor de la piedad sobre el aprendizaje.

havan (H): ofrenda del fuego.

Havdalá (J): "separación"; ceremonia que concluye el día de Shabbat.

Hégira (I): "emigración"; viaje de Mahoma desde La Meca hasta Medina en el año 622 e.c.; inicio del calendario islámico.

Hijo de Dios (C): uno de los títulos que dan los Evangelios a Jesús.

Hijo del Hombre (C): uno de los títulos que dan los evangelios a Jesús.

hindú (H): seguidor del hinduismo.

Hola Mohalla (S): "atacar o ser atacado"; festival que celebra la proeza militar; tradicionalmente un día de capacitación militar mediante luchas en simulacros de batallas.

Holi (H): festival de cinco días que se celebra en la primavera y conmemora el avatar de Krishna.

Holocausto (J): "ofrenda incinerada"; la matanza de seis millones de judíos durante la Segunda Guerra Mundial.

hostia (C): "sacrificio"; pan que se usa en la misa católico-romana.

hukam (S): orden divino en el que nada en el mundo está exento del control de Dios.

I

Iblis (I): Satán, el ángel que desobedeció a Alá por no hacer reverencias a Adán y se convirtió en el incitador de la humanidad.

icono (C): pintura especial de Jesús, la Virgen María o un Santo que se usa como una ayuda para la oración entre los creyentes ortodoxos.

Id-ul-Adha (I): festival en el que se sacrifican animales durante el Hajj

Iglesia Católica Romana (C): comunidad mundial de devotos que reconocen al papa; la mayor denominación cristiana.

Iglesia de Inglaterra (C) Iglesia establecida en Inglaterra durante la Reforma y encabezada por el monarca.

Iglesia de Pentecostés (C): amplio movimiento entre los protestantes cuyo énfasis es la experiencia del Espíritu Santo.

Iglesia Ortodoxa Oriental (C): Iglesia dominante en Europa Oriental.

ihram (I): ropa blanca que utilizan los peregrinos varones durante el Hajj.

imán (I): hombre que dirige la veneración pública en una mezquita; líder de los musulmanes chiítas.

ismailíes (I): grupo asociado con los musulmanes chiítas que conservan enseñanzas propias.

J

Japji (S): himno del Gurú Gobin Singh; invocación introductoria al *Dasam Granth*.

Japji Sahib (S): poema largo compuesto por el Gurú Nanak que recitan todos los días los devotos sij.

Jerusalén (J, I, C): ciudad sagrada en Israel.

Jesús Oración de (C): "señor Jesucristo, hijo de Dios ten piedad de mí, soy un pecador"; se usa como un mantra entre los cristianos ortodoxos.

jihad (I): guerra santa de los musulmanes que se puede llevar a cabo si se cumplen ciertas condiciones estrictas.

jnana (H): sendero de conocimientos; una forma de acercarse al Brahmán.

Juan Bautista (C): hombre enviado por Dios para preparar el camino para la llegada de Jesús.

judío (J): de descendencia hebrea; seguidor del judaísmo.

judío ortodoxo (J): un judío que se apega a las tradiciones de la fe judía transmitida desde un pasado remoto.

judío ultra ortodoxo (J): judío que interpreta las costumbres y tradiciones estrictamente.

Jueves Santo (C): día anterior al Viernes Santo en el que Jesús comió la Última Cena, lavó los pies de sus discípulos y les ordenó amarse los unos a los otros.

K

Kaaba (I): 'la casa de Dios'; santuario en forma de cubo que se encuentra en La Meca; el objetivo final del Hajj.

kachera (S): pantaloncillos cortos que usan los miembros de la Khalsa; una de las cinco K.

Kaddish (J): oración de santificación que a menudo se usa como parte de los rituales judíos de duelo.

kami (Sh): dioses, diosas, espíritus o seres superiores.

kangha (S): peine de madera que utilizan los miembros de la Khalsa; una de las cinco K.

kara (S): brazalete de acero que usan los miembros de la Khalsa; una de las cinco K.

karha parshad (S): alimentos santificados que se distribuyen en las ceremonias.

kashrut (J): leyes en torno a la dieta.

karma (H,B): "acciones"; obras actuales que determinan el destino en una vida futura; una ley inquebrantable.

Kathina (B): festival de donaciones a los monjes.

kesh (S): cabello largo de los miembros de la Khalsa que se amarra en un nudo; una de las cinco K.

ketubah (J): documento matrimonial que recibe la novia en el que se delinean las obligaciones del novio en la vida de casados.

Khalsa (S): fraternidad fundada por el Gurú Gobind Singh en 1699; la comunidad sij.

khanda (S): espada de doble filo que representa el poder y la divinidad y que se usa en la ceremonia del *amrit*.

kirpan (S): cuchillo corto que llevan los miembros de la Khalsa; un símbolo de resistencia activa a la maldad; una de las cinco K.

kirtan (S): canto devoto de himnos del Gurú Granth Sahib.

koan (B): 'enigma; término que se usa en el budismo zen para una palabra o frase que no se puede entender o resolver por el uso del intelecto.

kosher (J): categorías de alimentos que están prohibidas a los judíos.

Krishna (H): uno de los dioses hindúes más populares, un avatar de Visnú.

Kshatriya (H): segunda casta principal en la India; el varna rojo incluye a los guerreros y a los gobernantes.

Kumbh Mela (H): impresionante festival que se celebra cada doce años e involucra a una gran cantidad de personas.

L

La Cena del Señor (C): nombre popular del sacramento de la comunión entre las iglesias reformistas.

langar (S): cocina anexa a un gurdwara donde la congregación disfruta de un alimento comunitario después del *diwan*.

La Ley de Manu (H): código de leyes atribuido a la figura legendaria de Manu, el primer hombre.

Lehna (S): seguidor devoto escogido por el Gurú Nanak como su sucesor en calidad de líder sij que se convirtió en el Gurú Angad.

Liberación Teología de la (C): una teología desarrollada en Sudamérica por teólogos católicos romanos y protestantes que enfatiza que el evangelio cristiano es para los pobres.

libros de Moisés (J):los primeros cinco libros de las escrituras hebreas; la Torá.

Libro Tibetano de la Muerte (B): uno de los libros recientemente descubiertos en relación con la vida después de la muerte.

Liturgia de la Eucaristía (C): parte de la misa católica en la que el sacerdote consagra el pan y el vino antes de la comunión.

Liturgia de la Palabra (C): parte de la misa católica que incluye tres lecturas de la Biblia, un sermón y el credo niceno.

Luterana Iglesia (C): denominación protestante en Alemania, los países escandinavos y los Estados Unidos que sigue las enseñanzas de Martín Lutero en cuanto a la teología y organización de la Iglesia.

M

Madina (I): la segunda ciudad sagrada del Islam que se encuentra a 483 kilómetros de La Meca.

madrasa (I): escuela en la mezquita para la enseñanza del Corán y la lectura en árabe a niños musulmanes.

madre superiora (C): líder de una orden religiosa femenina.

Mahabharata (H): poema épico escrito en el segundo o tercer siglo a.e.c. que contiene casi 100 000 versos.

mahayana budismo (B): "el gran vehículo": rama del budismo que toma como su ideal el Bodhisattva, o búsqueda de iluminación.

Mahoma (I): fundador del Islam; el último y mayor profeta de Alá.

mala (B): cuentas de oración.

mandala (H): patrón geométrico complejo que se usa en la veneración.

mandapa (H): área principal del templo.

mandir (H): templo.

mantra (H): palabras o frases cortas que se repiten sin descanso durante la meditación para liberar la mente de la ilusión, o *maya*.

Marwah (I): colina cerca de La Meca enlazada con Safa; los peregrinos corren entre las colinas durante el Hajj.

matzah hogazas de (J): pan sin levadura.

Meca, La (I): lugar de nacimiento de Mahoma, el lugar más sagrado del Islam; hogar de el Kaaba.

megillah (J): rollo del libro de Esther que se lee durante el festival del Purim.

mela (S): "ferias": festivales como los de Baisakhi, Divali y *Hola Mohalla*.

menorá (J): candelabro de siete brazos que se usaba en el Templo de Jerusalén; se encuentra en todos los hogares judíos y en la sinagoga.

Mesías (C): libertador esperado por los judíos durante siglos; el Antiguo Testamento profetizó su llegada.; los cristianos creían que Jesucristo era el Mesías.

Metodista Iglesia (C): iglesia fundada según las enseñanzas de John Wesley en el siglo XVIII.

mezquita (I): edificio dedicado para las oraciones públicas que incluye un lugar para lavarse, un área abierta para la oración y un *mihrab*.

Mezquita de la Roca (I): mezquita en Jerusalén construida en el sitio donde estuvo el templo judío.

mezuzá (J): pequeño rollo de papiro inscrito con dos pasajes de la Torá, en el interior de una caja y fija a los marcos de las puertas de la mayoría de las habitaciones de un hogar judío.

Miércoles de Ceniza (C): primer día de la cuaresma que en algunas iglesias se distingue por la imposición de una cruz de ceniza en la frente de los creyentes.

mihrab (I): alcoba en arco o nicho en la pared de una mezquita que indica la dirección de La Meca.

minarete (I): la torre de la mezquita desde la cual el almuédano llama a los fieles a orar cinco veces al día.

minbar (I): conjunto de tres gradas en la mezquita desde donde predica el imán en las oraciones de los viernes.

ministro (C): líder ordenado de la iglesia protestante.

minyán (J): quórum de diez hombres que, según el judaísmo ortodoxo, necesita estar presente antes de ofrecer oración.

Misa (C): término católico-romano para la ceremonia que incluye el sacramento de la comunión.

misbeha (I): cuentas de oraciones que ayudan a los musulmanes a recordar los noventa y nueve nombres hermosos de Alá.

Misná (J): ley oral; leyes suplementarias otorgadas por Dios en el monte Sinaí y que se han transmitido durante siglos por tradición oral; parte del Talmud.

mitzvá, mitzvot (J): "mandamiento"; cualquier obligación religiosa.

mohel (J): judío capacitado para hacer la circuncisión.

Moisés (J): Líder del éxodo de Egipto a quien Dios entregó los Diez Mandamientos en el monte Sinaí.

moksha (H): liberación o salvación, liberación del ciclo del renacimiento por medio del conocimiento, obras o devoción.

monjes (B,C): miembros masculinos de la comunidad budista, o *Sangha*, cuyo enfoque más honesto es el de alcanzar la iluminación; miembros exclusivamente masculinos de una orden religiosa cristiana que viven juntos en un monasterio.

monjes del bosque (B): orden monástica estricta que se cree está más cerca de alcanzar la iluminación.

Mool Mantar (S): "enseñanza básica"; una de las primeras composiciones del Gurú Nanak, que expresa los dogmas de la fe y aparece al comienzo del *Gurú Granth Sahib*.

Muro de las Lamentaciones (J): lugar de peregrinaje para los judíos en Jerusalén; única parte que queda del Templo.

murti (H): la forma corporal de un dios, la imagen visible.

musulmán (I): "el que se somete a Alá"; seguidor del Islam.

Musulmanes chiítas (I): grupo que rechaza las afirmaciones de que los tres califas posteriores a Mahoma son verdaderos líderes de la fe.

N

Navidad (C): festival que celebra el nacimiento de Jesús.

ner tamid (J): "lampara eterna"; luz que arde en forma perpetua enfrente del arca en la sinagoga.

nirvana (B): "fundirse"; lugar donde el pecado o el ego se funde o se extingue.

Nishan Sahib (S): bandera que ondea fuera del gurdwara.

Nuevo Testamento (C): libros canónicos de la Iglesia que incluyen los Evangelios y las epístolas.

nupcial misa (C): misa que celebran el novio y la novia solos al final de una ceremonia de bodas católico-romana.

O

obispo (C): la más alta de las tres principales órdenes de la Iglesia que tiene la responsabilidad de una diócesis.

óctuple sendero (B): Sendero intermedio; ocho pasos hacia el Nirvana establecidos por el Buda, que se encuentra entre los extremos del ascetismo y la sensualidad.

OM (H): la sílaba sagrada.

oraciones del viernes (I): la principal ceremonia de la semana que tiene lugar en la mezquita y a la cual deben asistir todos los musulmanes varones.

orden apostólica (C): comunidad religiosa que trabaja fuera del monasterio o convento.

orden sagrada (C): personas que se ordenan como obispos, sacerdotes y diáconos.

Ortodoxa Iglesia (C): originalmente la iglesia de la parte oriental del imperio romano que se separó de la Iglesia Católica Romana en 1054 y actualmente está dividida en muchas ramas.

Ortodoxo Moderno (J): judíos que creen en una síntesis entre la Torá e ideas occidentales.

P

Pablo (C): perseguidor de la primera iglesia; se convirtió a Cristo en el camino de Damasco, incansable misionero y autor de muchas epístolas del Nuevo Testamento.

Padre Nuestro (C): la oración que Jesús enseñó a sus discípulos; la única oración que se usa en las iglesias de todas las denominaciones y tradiciones.

Pali Canon (B): escrituras canónicas del budismo theravada; incluye el *Vinaya Pitaka, Sutta Pitaka y Abhidamma Pitaka*.

panj piares (S): los cinco miembros originales de la Khalsa.

papa (C): obispo de Roma; obispo en jefe y líder de la Iglesia Católica Romana.

parábola (C): forma de enseñar usada por Jesús cuyos elementos se toman de la vida cotidiana para ejemplificar moralejas religiosas.

Pascua (C): festival que conmemora la muerte y resurrección de Jesús.

Pascua Judía (J): festival anual en el que los judíos recuerdan que los israelitas fueron salvados de la esclavitud egipcia.

patit (S): miembro expulsado.

Pedro (C): discípulo de Jesús, líder de la primera iglesia que según los católico-romanos fue el primer papa (el obispo de Roma).

penitencia (C): uno de los siete sacramentos reconocido por la Iglesia Católica Romana; el pago de una pena para garantizar el perdón de los pecados.

Pentecostés (J, C): festival judío de Shavuot, el Festín de las Semanas, que se celebraba cuando el Espíritu Santo bajó a la iglesia cristiana.

Pesach (J): igual que la Pascua Judía.

Piedra negra (I): piedra colocada en la esquina sudeste de la Kaaba; uno de los objetos más sagrados del Islam.

pila bautismal (C): "fuente de agua"; recipiente de piedra que contiene el agua del bautismo.

Piscina de la Inmortalidad (S): lago en Amritsar en el centro del cual se encuentra el Templo Dorado.

Poncio Pilato (C): gobernador romano (26-36 e.c.) que ordenó la crucifixión de Jesús.

prashad (H): alimento sagrado que se ofrece a Dios en el templo.

profetas (J): segunda división del *Tanaj*, que se encuentra después de la Torá y antes de las Escrituras; se divide en los profetas anteriores y los profetas posteriores. También se le llama *Nevi'im*.

profetas anteriores (J): libros históricos del Tanaj que se encuentran en el Libro de los Profetas.

profetas menores (J): última sección del libro de los Profetas, el segundo libro del *Tanaj*.

Profetas posteriores (J): Libros proféticos del Tanaj, que se encuentran en Profetas.

progresivo judaísmo (J): forma de judaísmo cuyos seguidores creen que la tradición se debe alinear con las ideas modernas.

Protestante Iglesia (C): iglesia que no le debe lealtad a la Iglesia Católico-Romana ni a la Iglesia Ortodoxa.

puja (H): veneración o reverencia de los dioses; ofrenda o regalos al *murti*.

púlpito (C): plataforma elevada al frente de la iglesia desde la cual se da el sermón.

purgatorio (C): concepto católico-romano de un lugar después de la muerte para las personas que no están listas para entrar al cielo.

Purim (J): festival que celebra el éxito de Esther al salvar a muchos judíos de la masacre a manos de Haman, su enemigo.

Q

qiblah (I): dirección marcada por el mihrab hacia donde deben orar los musulmanes, orientada hacia el Kaaba en La Meca.

R

rabino (J): "mi maestro"; título que se da a un maestro autorizado en la sinagoga o comunidad judía.

rak'ah (I): parte del *salah*; una secuencia de movimientos y citas del Corán.

Ramadán (I): noveno mes del calendario musulmán durante el cual todos los musulmanes deben ayunar desde el amanecer hasta la puesta del sol.

Ramayana (H): poema épico en sánscrito atribuido al sabio Valmiki en el siglo V a.e.c.

Rasul (I): "mensajero de Alá"; título dado a Mahoma en una revelación de Dios.

rebbe (J): líder espiritual de los judíos hasídicos.

redención (C): reconciliación entre Dios y los seres humanos a través de la muerte y resurrección de Jesús.

reencarnación (H, B): creencia en que, después de la muerte, el alma vuelve a vivir en la tierra en otro cuerpo.

Reforma (C): movimiento que inició Martín Lutero en 1517 en Alemania y que llevó a la formación de muchas Iglesias Protestantes.

Reformadas Iglesias (C): término libremente aplicado a todas las iglesias protestantes.

religiosas órdenes (C): monjes o monjas que viven juntos según una disciplina común.

resurrección (C): el regreso a la vida de Jesús al tercer día de su crucifixión, y de todos los devotos el Día del Juicio.

Rig Veda (H): "conocimiento de los versos"; las escrituras hindúes más antiguas y sagradas.

Río Indo (H): sitio de los orígenes del hinduismo según el pueblo hindú, cuyo nombre en sánscrito, *Siddhu*, dio origen al término "hindú".

Rosh Hashanah (J): año nuevo que se marca con el sonido del shofar, y da comienzo a 10 días de penitencia que terminan el Día de la Redención.

rueda de oración (B): rueda que se usa en los monasterios y templos tibetanos con oraciones o frases sagradas inscritas.

S

sacerdote (C): "anciano"; hombre o mujer ordenado por un obispo en las iglesias ortodoxa, católico-romana y anglicana con autorización para ofrecer los sacramentos.

Sacramento de Reconciliación (C): sacramento católico-romano que ofrece el perdón de los pecados.

sadaqah (I): donaciones voluntarias y regalos; distintos del *zaká*.

sadhsangat (S): congregación.

sadhu (H): palabra en sánscrito que significa 'hombre santo'; sabio o ascético.

Safa (I): colina baja en La Meca, que se entrelaza con el Marwah; los peregrinos corren hacia delante y hacia atrás siete veces entre el Safa y el Marwah en el Hajj.

salah (I): oración ritual o litúrgica que se observa cinco veces al día; el segundo de los Cinco Pilares del Islam.

Salvación Ejército de (C): organización protestante formada por William y Catherin Booth en 1878, enfatiza el trabajo social como parte del mensaje cristiano.

samadhi (H): contemplación.

samatha (B): un tipo de meditación.

samsara (H): el mundo, el lugar donde se verifica el ciclo de nacimiento, vida y muerte.

samskara (H): ceremonias del ciclo de vida como la del listón sagrado.

Sanedrín (C): suprema corte judía con 71 miembros que se reunían en Jerusalén en el tiempo de Jesús.

Sangha (B): comunidad de monjes instituida por Buda; uno de los Tres Refugios.

Santo de todos los Santos (J): parte interna del Templo de Salomón donde se guardaba el arca de la alianza original.

Satán (C): "acusador"; líder de los espíritus malos en oposición a Dios y que tentó a Jesús.

sawm (I): periodo de ayuno durante el Ramadán; el tercer Pilar del Islam.

Séder (J): 'orden' alimento que se come al inicio de la Pascua.

Sefer Torá (J): rollo de la Torá que se guarda en el arca.

Segunda Venida (C): creencia de que Jesús regresará a la Tierra en algún momento del futuro.

Segundo Concilio Vaticano (C): reunión del papa con los obispos católicos en Roma entre 1962 y 1965 que introdujo cambios en la veneración eclesiástica.

Shabbat día del (J): día sagrado de descanso, en el que se interrumpe todo trabajo; empieza desde el anochecer del viernes y termina el sábado por la noche; se le llama sencillamente Shabbat.

Shahadah (I): primer Pilar del Islam; afirmación de fe en Alá y Mahoma, su profeta.

Shavuot (J): igual que Pentecostés.

shechita (J): reglas para la preparación de alimentos para hacerlos kosher.

Shema (J): oración y sacramento de fe en un sólo Dios.

Shoá (J): "desolación"; sufrimiento y asesinato de judíos europeos por parte de los nazis durante el Holocausto.

shofar (J): trompeta a base de un cuerno de carnero que se usa para anunciar el año nuevo (Rosh Hashanah) y el día de la redención (Yom Kippur).

Shruti (H): "lo que se escucha"; escrituras sagradas que incluyen los Vedas.

Shudra (H): el cuarto (negro) varna; los obreros, la última casta de la sociedad hindú.

Siddur (J): libro diario de oración que se usa en la veneración.

sij (S): "disciplina"; seguidor del sijismo.

Sij Gurdwara Ley (S): ley aprobada en 1925 en la que se define la palabra sij.

Simchat Torá (J): "regocijo en la ley"; festival que marca el fin de un ciclo de lecturas de la Torá en la sinagoga y el inicio del siguiente.

sinagoga (J): lugar de oración y estudio.

sinópticos, Evangelios (C): los tres evangelios de Mateo, Marcos y Lucas, que tienen un enfoque similar a la vida de Jesús y mucho material en común.

Siva (H): el destructor, dios que constituye el *trimurti* de dioses junto con Brahma y Visnú.

Smriti (H): 'lo que se recuerda'; libros sagrados.

Sukkot (J): la Fiesta de los Tabernáculos; uno de los tres festivales judíos de "peregrinaje".

Sumo Sacerdote (J): líder judío durante la época de la ocupación romana de Palestina.

sunnah (I): "camino"; tradición, teoría y práctica de los musulmanes sunnitas según lo estableció Mahoma de donde se deriva su nombre.

sunnitas musulmanes (I): musulmanes que se apoyan en el Corán, el *sunnah* y la comunidad para la integridad de su fe.

surah (I): un capítulo del Corán.

Sutta Pitaka (B): segunda de tres colecciones de las enseñanzas de Buda en el *Canon Pali*.

T

Taittiriya Upanishad (H): uno de los upanishad que explica las enseñanzas de los *Vedas*.

takht (S): trono en un gurdwara en el que descansa el *Gurú Granth Sahib*.

tallit (J): chal de oración de tela blanca con flecos que usan los hombres durante la ceremonia de la mañana en la sinagoga y en todas las ceremonias del Día de la Redención.

Talmud (J): fuente principal de la ley judía integrado por la Misná y el Guemará.

Tanaj (J): término coloquial de las escrituras judías.

Tao (T): camino espiritual y fuente de todo lo que existe en el mundo.

taoísta (T): seguidor del taoísmo.

Tathagata (H): "que se ha ido así"; un título del Buda.

tawaf (I): costumbre de caminar siete veces alrededor del Kaaba durante el Hajj.

tawhid (I): creencia en la unicidad de Alá

tefilín (J): dos cajas de cuero que contienen pasajes de la Torá, sujetadas con cintas en la frente y el brazo izquierdo; también se les llama filacterias.

Templo (J): edificio construido por Salomón alrededor del año 950 a.e.c. para venerar a Dios; fue destruido por los babilonios en 586 a.e.c. El segundo templo fue destruido por los romanos en 70 e.c.

Templo Dorado (S): construido por el Gurú Arjan a un lado de la Piscina de la Inmortalidad en Amritsar.

Tenman (Sh): dios del aprendizaje.

theravada budismo (B): uno de los principales grupos del budismo que afirma seguir las enseñanzas de los antiguos con un enfoque conservador; el camino de los monjes.

Tierra Prometida (J): tierra de Canaán prometida a los ancestros judíos después de salir de la esclavitud en Egipto.

Tipitaka (B): "tres cestas"; las tres secciones del *Canon Pali*, aceptadas por los budistas theravada.

Torá (J): "ley" o "enseñanzas"; se aplica a la ley de Moisés —Génesis, Éxodo, Levítico, Deuteronomio y Números en las Escrituras judías.

tradición oral (C): forma en la cual se mantenía viva la información por su transmisión de boca a boca antes de que se escribiera.

transubstanciación (C): creencia católico-romana de que el pan y el vino realmente se convierten en el cuerpo y la sangre de Jesús durante la misa.

Tres Castos (T): T'ai-Shang Lao-chun, T'ai-lao Tao-Chun y Yu-Huang.

Tres Refugios (B): el Buda, el Dharma y el *Sangha*.

trimurti (H): "las tres deidades"; Brahma, Visnú y Siva.

Trinidad (C): creencia de que hay un sólo Dios en tres personas distintas —Dios Padre, Dios Hijo y Dios Espíritu Santo.

U

Última Cena (C): último alimento que comió Jesús con sus discípulos antes de su crucifixión; patrón que sigue el sacramento de la comunión.

últimos sacramentos (C): ritos tradicionales que da un sacerdote católico a una persona antes de morir.

ummah (I): comunidad musulmana en todo el mundo.

unción con el crisma (C): ritual de la Iglesia Ortodoxa que sigue al bautismo; equivalente a la confirmación.

upanayana (H): ceremonia del listón sagrado, la más importante de las samskaras.

Upanishads (H): "sentarse cerca de un maestro"; libro sagrado derivado de las sesiones en las que los discípulos se sentaban a escuchar a los pies de los gurús.

uposatha días (H): "entrar para quedarse"; relación con las fases de la luna y otros días especiales del calendario lunar.

V

Vaishya (H): tercer (amarillo) varna, de los agricultores y comerciantes.

Varanasi (H): el sitio de peregrinaje hindú más sagrado, anteriormente se le conocía como Benares.